湛庐 CHEERS

与最聪明的人共同进化

HERE COMES EVERYBODY

CHEERS
湛庐

精准成交

[美] 戴维·霍菲尔德 著
David Hoffeld
徐烨华 译

SELL MORE WITH SCIENCE

浙江科学技术出版社·杭州

测一测

你了解如何用科学的方法，让客户主动成交吗？

扫码加入书架
领取阅读激励

扫码获取全部
测试题及答案，
一起解锁精准成交的密码

1. 当销售目标难以达成时，退而求其次是否更容易获得成功？

   A. 是

   B. 否

2. 在以下因素中，哪项最能决定销售人员在一家公司的去留？（单选题）

   A. 工作经验

   B. 天赋

   C. 个性

   D. 韧性

3. 设置合理的目标有助于提升销售业绩，以下哪项策略能够帮助销售人员达成目标？(单选题)

   A. 设定一个宏大的长远目标

   B. 把所有专注力放在当前的行动上

   C. 多用语言沟通，尽量少进行动态演示

   D. 引导客户对比现状与期望的未来，撬动需求

扫描左侧二维码查看本书更多测试题

献给我的儿子约瑟夫，

他尚未出生时，

我心中的爱意就已溢满。

销售是人类的专属行为，
只能用与人类相关的术语来进行阐述。
若想获得真正的答案，
就必须深入探索人格和心理学的奥秘。

——

罗伯特·N. 麦克默里（Robert N. McMurry）
1961 年 3 月，《哈佛商业评论》（*Harvard Business Review*）

用科学的方法成就非凡的销售业绩

孙路弘
脑力工程师
畅销书《用脑拿订单 2.0》《说话的力量》作者

销售是一份看似平凡却蕴藏深刻哲理的工作。对许多人而言，这份工作似乎只是无尽的推销与说服，但对那些站在顶峰的销售高手而言，销售是科学与艺术的结合，更是一种智慧的实践。这本书让我的思绪不禁回到了 30 年前。那时，我刚进入销售行业，怀着对成功的渴望和对失败的忐忑，开始了我的职业生涯。

30 年前的一个初夏，我加入了福特汽车销售公司。作为团队中的新手，我对销售满怀热情，接待的客户不少，却拿不到订单。有一次，我花了整整 3 个月与一位潜在客户保持联系，却在最后阶段被竞争对手轻松夺走了订单。那天晚上，我坐在办公桌前，面对总共 18 页的客户接待笔记，内心充满了挫败和迷茫。

就在这时，我的主管李经理走过来，递给我一张纸，纸上写着几个问题：

1. 客户真正的痛点是什么？
2. 你如何让客户相信你能帮助他？
3. 客户会因你的服务及专业而感到什么不同？

他轻轻拍了拍我的肩膀，说：**“销售不是说服客户，而是帮助他们找到自己的答案。”**那一刻，我明白了，销售不仅仅是推销产品，更是通过科学的方法激发客户的购买动机。这个顿悟让我开启了全新的销售思路。这是 30 年前的事情，而眼前这本书中传递的核心理念，竟然与我那时的感悟不谋而合。

从心态到策略，解锁销售潜力的钥匙

本书第一部分阐述了销售心态的重要性，这让我想起了自己刚入行时对“成就心态”的模糊认识。销售人员的心态决定了他们对挫折的反应和对成功的渴望程度。正如书中提到的，成就心态是一种对自身潜能的信念。我的主管常说：“如果你相信自己能成功，就能找到办法去实现成功。”这句话激励我在失败后反思，找到自己能够改进的地方，而不是停留在沮丧中。

此外，韧性是销售成功的隐性资本。书中提到的“心流”状态对我来说尤为重要。有一段时间，我每天投入 2 小时来研究客户所在行业的动态和客户的个性化需求，这种全身心的投入让我在客户面前显得更为专业，也更容易赢得信任。

让科学销售成为推动业绩的引擎

本书提出了策略的重要性，尤其是在目标管理方面。记得有一次，我负责一家跨国企业的大额采购项目。当时，客户提出了复杂的技术需求，涉及多个部门和决策链条。我按照目标分解的方法，把最终目标分成几个小步骤：第一步，获取技术部门的支持；第二步，打通采购部门的预算流程；第三步，赢得高层决策者的信任。这个过程耗时 6 个月，但最终的成功让我深刻认识到，“分解目标”和“实时反馈”是销售的必备策略。

书中还提到“心理对照”和“行动触发 3 问”的方法，我在后来的实践中尝试将这些融入日常工作中。例如，每当我制定目标时，我都会问自己 3 个问题：

1. 这个目标对客户和公司意味着什么？
2. 如果我未能实现这个目标，可能面临什么后果？
3. 为了实现目标，我需要从现在开始采取哪些行动？

这些问题帮助我将模糊的目标清晰化，同时也激发了我更强的内在动力。

决策引导与情境重构，让客户主动说“是”

作为一名销售人员，如何引导客户做出决策是最核心的技能之一。本书提出了“销售 6 问”的概念，这正是很多销售高手不愿公开的成交秘诀。尤其是在应对犹豫不决的客户时，销售高手常常通过提出开放式问题帮助他们明确需求。例如，当客户表示预算不足时，销售人员可以问对方："假如这个问题没有得到解决，未来可能会带来哪些影响？"这个问题能让客户意识到成本延迟的风险，从而更愿意达成交易。

此外，书中提到的"重构情境框架"的方法也会让销售人员受益匪浅。当客户在两种解决方案间犹豫不决时，可采用"损失规避法"向他们展示错失我们的方案可能导致的风险，最终帮助客户做出决定。

诚信与学习，销售生涯的长远之道

本书关于诚信和持续学习的章节让我联想到多年前的一次经历。当时，我的一位老客户因为公司财务问题无法按时付款，但我们公司已经明确了收款政策。我站在客户的角度，与公司商议后提出了灵活的分期付款方案，不仅解决了客户的燃眉之急，还赢得了他们长期的信任。正如书中所说，诚信是销售中最强大的武器。

持续学习也是让我保持竞争力的重要因素之一。在销售的路上，我始终坚持"投资自己"的原则，利用闲暇时间阅读行业报告和营销书籍。这本书的结构和内容深度让我感到无比兴奋，它不仅系统化了我的经验，还提供了更多科学的方法论。

本书的独特之处在于，它从心态到策略，从流程到道德，为销售人员提供了全面的指导。如果你是初入职场的新手，它会帮你建立起科学的销售思维；如果你已经是一名经验丰富的销售人员，它会为你的方法论提供更高效的工具和框架。

销售的世界并不神秘，真正的突破往往源自对科学方法的信任与实践。每一个伟大的销售背后，都隐藏着对客户需求的深刻洞察、对自身心态的严谨管理，以及对长期成功的持续追求。这本书是通往成功之路的指南，愿每一位读者都能通过它激活自己的销售潜力。

以专业制胜，用科学赋能

张　坚
中国惠普政府事业部原总经理
思科公司中国区原副总裁
畅销书《大客户销售心法》作者

在当今竞争白热化的商业舞台上，销售早已超越了简单的交易行为，成为一门融合专业知识、精湛技能与科学方法论的复杂艺术。《精准成交》这本书犹如一盏明灯，以独特的视角和深刻的洞察，为销售人员精心打造了一套系统、实用且极具操作性的科学销售策略。巧的是，这些策略与我多年来在销售实践中秉持的理念高度契合。

作为一名在销售行业深耕多年的从业者，我深知销售的成功绝非偶然，而是依赖严谨的流程、科学的方法和扎实的技能。我在《大客户销售心法》一书中提出的“专业制胜”理念，与戴维·霍菲尔德强调的“科学方法论”不谋而合。我们都坚信：**销售没有捷径和魔法，唯有通过持续的学习、实践和优化，销售人员才能在复杂多变的市场环境中稳操胜券。**《精准成交》不仅深入浅出地阐述了销售过程中应遵循的科学原则，还结合丰富的真实案例，生动地展示了如何将这些原则巧妙地应用于实际工作中，这对于每一位销售人员而言，无疑是一份极具价值的实战指南。

书中特别强调了心态、特质、行为这三大要素对销售成功所起的决定性作用，这与我倡导的 ASK（态度、知识、技能）理念不谋而合。我们一致认为，销售绝不仅仅是技巧的简单运用，更是销售人员内在素质的全面展现。一名优秀的销售人员，必须具备积极向上的良好心态、扎实深厚的专业知识及卓越出众的沟通技能。本书凭借丰富的研究数据和生动的案例分析，深入探讨了如何有效地培养和持续提升这些关键素质，为销售人员的全方位成长勾勒出了一条清晰且可行的发展路径。

书中提及的“测评”概念，同样给我留下了极为深刻的印象。在销售实践过程中，我们常常需要对客户的需求、市场的动态及自身的销售能力进行全面而准确的评估。测评作为一种科学且客观的评估工具，能够助力销售人员突破主观局限，以更加客观、理性的眼光审视自我，精准定位自身的优势与不足，从而有针对性地制订改进计划，实现自我提升。这种基于数据和事实的评估方式，相较于传统的主观判断，无疑更加科学、精准，能够有效地规避因个人偏见或情绪干扰而导致的评判失实。

此外，本书还提出了一系列创新的观点和方法，如“销售 6 问”和“重构情境框架”等。这些方法不仅在理论上具有深刻的洞见，在实践层面更具备极强的指导意义。“销售 6 问”能够帮助销售人员在与客户的沟通中，更加清晰、高效地引导客户完成购买决策过程。而“重构情境框架”则赋予销售人员在面对客户提出的异议时，通过巧妙地转换视角，找到创新解决方案的能力。灵活地运用这些方法，能够显著提升销售人员的工作效率和成交率，使他们在与客户的互动中更加从容自信、游刃有余。

在阅读本书的过程中，我深刻感受到了作者对销售本质的精准把握和对科学方法的严谨运用。这本书不仅为销售人员提供了丰富实用的工具和技巧，更为销售领域的研究与发展提供了全新的思路。我坚信，无论是刚刚踏入销售行业的新人，还是已经积累了一定经验的销售从业者，都能从这本书中得到宝贵的启发。

总之，《精准成交》是一本值得每一位销售人员反复研读并付诸实践的优秀著作。它以科学的方法论为根基，结合鲜活的实际案例与实用的操作技巧，为销售人员搭建起了一套完整且高效的成长体系。通过深入学习并熟练运用书中的理念与方法，我们能够更加深刻地洞察销售的内在规律，全方位提升自身的专业素养，从而在激烈的市场竞争中脱颖而出，实现销售业绩的持续攀升与自我价值的进阶突破。

导读三

"我"比产品更重要，客户比销售更重要

仲崇玉
销售管理实战派专家
畅销书《销售经理的 22 条军规》作者

这是一本以销售为切入点的领导力专著。

实际上，领导力要交付的，不也正是"销售"的结果吗？只不过，这个"结果"可能不是有形的产品，不是特定的服务，而是某种特定的世界观、人生观、价值观或者战略思维而已。

本书的作者并没有像传统的销售专家那样，以产品为中心来论述独特的销售主张、销售技巧和销售话术，而是聚焦自我成长、自我改变，比如改变心态、改变特质、改变行为习惯，由内而外地提升销售业绩。**这是本书的第一个核心观点："我"比产品更重要。**

销售人员的业绩为什么不好？大致有三个原因：一是不会做，需要方法；二是不想做，需要激励；三是不相信，需要启发。传统的销售培训长

期局限于解决第一个问题，即提供更多知识、技巧和方法，而这个问题恰恰是最容易解决的。当下，知识、技巧和方法早已供过于求，不懂这些的人越来越少；而不想做、不相信的人越来越多。这是难点，也是本书的关注点。应该说，《精准成交》这本书的推出恰逢其时。**这是本书的第二个核心观点：三观比战略更重要，战略比技巧更重要。**

为此，这本书论述了销售的三个要素：心态、特质和行为。

业绩不好的根源绝大多数产生于销售之前。这是本书开篇就揭示出的真相。可以说，销售人员的心态，比如成就心态和成长心态，决定了自己的业绩。成就心态，就是拓宽自己相信的范围；而成长心态，不是只防御伤害，而是攻守兼备，也是在拓宽自己相信的范围。这两者都属于世界观的改变。这是难点，也是重点，所谓先胜而后战，先成而后为。**这是本书的第三个核心观点：准备比过程更重要。**

业绩不好的根本原因是销售的思路与客户形成购买决策的思路不一致。客户形成购买决策的思路体现在 6 个问题上。这 6 个问题是所有销售策略的起点，也是行为依据，更是销售持续成功的情境框架。**这是本书的第四个核心观点：客户比销售更重要。**

成功的销售人员有哪些特定的销售行为是客观的、可验证的？十分重要的两种行为是亮明目标和甘愿付出代价。很多销售人员会回避这两种行为。因为保持模糊，就有回旋的余地，所以平庸的销售人员喜欢保持模糊，这样就可以心安理得地找借口。但是销售有科学的一面，能量是守恒的，收获与代价是平衡的。**这是本书的第五个核心观点：显性目的比行为更重要。**

销售是一份工作，也是一种思维方式。偶然的成功与很多要素相关，比如产品、时代、环境、竞争、时机等。必然的、持续的成功，是经由销售习得的思维和行为方式带来的，是持续提升自己、保持诚信、精益求精的结果。**这是本书的第六个核心观点：隐性的道德比显性的利益更重要。**

读一本书，不但要读书中的文字，也要解读非文字的表达。有些内容可以感知，有些内容需要揣摩。即便是可感知的部分，我也只提及了一小部分。这本书称得上是一场销售的盛宴，读者可以各取所需，丰俭由人。

销售涉及人际关系，从来都不是简单的命题。那么，你会怎么理解《精准成交》？热切期待和你深入探讨。

让客户主动成交的科学实证方法

何以造就销售成功？

以前，关于为什么有些销售人员能达成更高的销售额，一直是个谜。似乎有些人天生就有销售能力，而有些人则没有。幸运的是，后来我们发现事实并非如此。在过去的 50 年里，科学家通过开展大量突破性研究，确定了我们的大脑如何处理信息、感知价值以及决定是否购买某种产品或服务。更令人振奋的是，这些发现揭示了哪些特定的心态、特质和行为是销售人员成功的基石。事实上，在销售行业近些年来的所有创新举措中，没有哪一项产生的影响力比“用科学促进销售”更加积极而持久。

尽管这种以科学研究为基础的方法能够提升任何人的业绩表现的观点已得到证实，但许多销售人员和商界人士仍未能意识到这一点。甚至，当今许多最常见的销售举措都与科学方法相悖。我撰写本书的初衷便是向你提供真实、可操作、有证据支持的理念，帮你提升自己方方面面的表现——无论是销售业绩，还是其他。

接下来，我将简要介绍这种销售方式的创建过程，阐明这种方式能给你带来的益处。

科学如何改变销售

如果你读过我撰写的《销售的科学》(*The Science of Selling*)，你就会知道我对关于影响力的科学十分着迷。10 岁那年，母亲交给我一本戴尔·卡耐基的畅销书《人性的弱点》。那本书让我惊讶地认识到，原来简单的词句竟能使人们以可预见的方式做出反应。

直到多年以后，我才在自己的职业生涯中体会到这一点。硕士毕业后，我打算找份临时性工作先干几个月。彼时的我天真地认为自己擅长销售，于是开始从当地报纸的招聘专栏查找相关信息（你还记得吗？当年人们都是从报纸上获取招聘信息的）。正当我浏览职位之际，一则标题为"年薪 10 万美元"的招聘信息吸引了我的注意力，标题下面"无需经验"4 个大字更是令我兴奋不已。我想：这真是太棒了！因为我实在没有任何经验。再者，谁不想一毕业就能拿到六位数的薪资呢？于是，我拨通了电话，预约了面试。第二天，我去了那家公司，接受了销售经理的面试。他只问了我两个问题。第一个问题是："你有车吗？"我回答说："有。我是开自己的车来面试的。"这个肯定的回答令我信心倍增。他点了点头，又问道："你喜欢与人打交道吗？""当然！"我回答道。销售经理微笑着说："那就好！你明天就可以来上班了。"就这样，我进入了销售行业。

让我吃惊的是，才开始做销售，我便迷上了这份工作。我原本以为这只是一份临时性工作，没想到它竟成了我毕生的事业。10 岁那年在《人性的弱点》一书中读到的理念，如今我每天都能亲眼见证。销售人员有着非凡的影响力：他们能激励人们重视其建议并付诸行动。

随着对销售工作的愈发着迷，我开始主动寻求一些能够提升销售技能的培训。然而，我读过的书籍和学过的课程所提供的建议均基于个人经验，它们甚至全然互相矛盾且缺乏客观证据证明其方法比别的方法更为有效。由于对证据不足感到失望，我决定自行研究。在撰写硕士论文时，我分析了大量有关如何进行有效沟通的研究，查阅了很多文献资料。随着研究的深入，我越来越清楚地认识到：科学存在于销售过程中的每一个环节。

虽然“科学”一词在销售行业中已被滥用，但当我谈论它时，我指的是客观、可验证的研究。具体来说，我探索了认知心理学、社会心理学、神经科学和行为经济学领域中经过大量同行评议的研究，其中一些甚至是由诺贝尔奖获得者撰写的。这些领域的研究揭示了我们的大脑如何做出选择，以及影响我们做出行为决定和购买决定的因素。

更妙的是，当我开始将所学知识运用到实践中时，我的销售额增加了。有了科学依据，我再也无须凭猜测行事，更无须依赖他人的意见。我发现，**销售的成功不依赖天赋或口才，而在于采用科学的销售方法**。其中，关键在于引导潜在客户做出购买决定，进而完成交易过程。事实上，这就是科学销售的前提：你的销售方式与大脑产生偏好、做出选择的方式越接近，你就越容易达成交易；反之，你的销售方式与大脑形成购买决策的方式越相悖，你就越不容易达成交易。好消息是，科学为我们提供了一份任何人都用得上的简明指南。

由于在职业生涯中不断研究并应用销售科学，我的业绩开始持续增长。于是，我就职的企业要求我向其他销售人员传授技巧。当我向他们阐明如何以科学为依据进行销售之后，他们的业绩也有了明显的提升。正如行为科学家诺亚·戈尔茨坦（Noah Goldstein）、史蒂夫·马丁（Steve Martin）和罗伯特·西奥迪尼（Robert Cialdini）① 所说："每个人说服他人的能力，都可以通过学习科学的说服策略来提高。"[1]

科学之所以能够以可预见的方式改善结果，是因为它能一目了然地呈现特定互动中发生的事情，并能准确地预测哪些行为会对决策过程产生积极或消极的影响。有些人甚至将科学带来的"拨云见日"之感，类比成近视患者第一次戴上眼镜时的感受——突然之间，一切都变得清晰起来。

那时的我意识到，科学能够极大地助力销售人员，通过帮助买家自信地做出最符合自身利益的决定，来为其提供真正优质的服务。于是，我创办了一家销售培训公司——霍菲尔德集团（Hoffeld Group）。如今，这家公司已成为科学销售领域的领导者。这些年间，我为多家世界知名企业提供过培训，帮助其销售人员掌握科学的销售方法，从而实现销售业绩的提升。当这些销售人员采用以科学为依据的销售方法后，结果无一例外：不仅客户满意度上升，销售额也大幅提升。与竞争对手相比，这些企业有着巨大的优势，因为前者还在采用基于个人经验的传统销售方法。

科学销售的最大益处

刚开始阅读学术期刊并学以致用时，我只顾着去寻找那些能使销售演

① 著名社会心理学家，因其在影响力研究领域的开创性，被誉为"影响力研究领域的本杰明·富兰克林"。其作品《影响力》中文简体字版已由湛庐引进、北京联合出版公司于2021年出版。——编者注

讲更具说服力的理念和方法。然而，随着时间的推移，我逐渐意识到自己的目光有些短浅了。实际上，**科学给我带来的最大益处是：它使我能够以一种新的、准确可靠的、可预测的方式看待整个销售过程。**这种方式对我的业绩产生了深远、持久的影响。已故的卡尔·萨根（Carl Sagan）有句话总结得很好："科学不仅仅是一种知识体系，更是一种思维方式。"[2]这便是科学方法的力量。它能够提供有实证支持的框架，指导你以更灵活、更有效的方式应对每位独特的买家、每种独特的情况。换言之，科学揭示了如何以正确方式去思考销售行为。这正是我们取得长期效益和成果的关键所在。

试想一下，你有一位在某小型企业担任首席执行官的朋友。这家企业的销售团队正在招兵买马，她请你帮她从两位候选人之中选一位来填补一个职位空缺。所招之人不仅要足智多谋，具有很强的解决问题的能力，而且要能应对销售困境。她希望你能通过了解这两位候选人的这些技能给出招聘建议。

在面试第一位候选人时，你问了他一些事先准备好的问题，然后向他提出以下难题来考验他的适应力和反应力："现在，透过办公室的窗户，你可以清楚地看到隔壁的教堂尖塔。请问，你认为尖塔大概多高？"这位候选人一言不发地站起来，走到窗前，向教堂望去。思考了一会儿后，他回答道："大约 12 米。"你说道："你的答案非常接近。尖塔的实际高度是 12.8 米。我很好奇，你是怎么估算出来的？"他笑着说："我单凭目测，觉得它差不多有 12 米高。"

第二位候选人的面试过程也如出一辙，你提出问题，然后让对方估算尖塔的高度。然而，与第一位候选人不同的是，第二位候选人要求去外面进行估算。当她出门后，她看到了自己和尖塔的影子。她估测了一下自己的影子，然后得出了影子与自己实际身高的比例。在估测了尖塔的影子后，她用之前得出的比例估算出了尖塔的高度。回到办公室后，她不仅给出“尖塔的高度大约是 12 米”的回答，还解释了她的计算过程。

假设两位候选人的其他能力基本相同，那么你会向你朋友推荐哪位候选人呢？大多数人都知道，第二位候选人才是更好的选择。为何？

当然是因为她的方法更胜一筹。

虽然两人得出的答案相同，但从长远来看，第二位候选人以科学为依据的思考方法能够为她带来极大的优势。不凭直觉，而是通过深思熟虑系统性地解决问题，使得她更有可能长期得出准确的结论。她解决“尖塔难题”的方式，不仅让你洞悉她将如何应对具有挑战性的复杂销售情境，也让你相信她的心态将使她游刃有余，为她赢得更多订单。如今，我们每个人都面临着同样的机会，我们可以选择拥抱科学。科学清楚地揭示了我们可以为提高销售业绩做些什么。换言之，我们可以用科学方法为成功打下基础，而竞争对手还在试图凭直觉来提升销售额。

你将从本书中学到什么

在《销售的科学》一书中，我阐述了购买决策的产生过程及影响因素，即在销售过程中买家是如何思考和反应的。本书有所不同。本书的重点在于你——卖方。本书的公式涵盖了提升销售额所需的一切。此外，书中还提供了一些练习，旨在帮助你立马行动，学以致用。我还将与你分享书中这些行之有效的策略及其背后的科学研究。如果你愿意，你也可以对此类研究进行深入探索。

科学证明，具备特定的心态、特质和行为是销售成功的关键。如果缺少其中某个要素，那么获得持久成功的可能性便会降低。销售业绩可以用公式表述为：

$$SA = f\ (M, T, B)$$

这个公式表明，销售业绩（SA）是正确心态（M）、特质（T）和行为（B）的函数（f）。这一简单明了的公式是提升销售业绩、改善生活水平的关键。照此执行，你会变得更加高效。究竟哪些具体的心态、特质和行为能帮你提升销售业绩呢？本书将为你一一阐明。

本书分为 3 个部分。第一部分阐述了如何为销售成功做足准备。第二部分探讨了具体的行为和策略，这些行为和策略将为你带来巨大的优势，使你超越竞争对手，获得销售额的大幅提升。第三部分则揭示了哪些关键因素能够决定你能否取得持久的、有意义的、能给你交往之人带来积极影响的成功。

阅读本书获得的启发改变的可能远不止你的销售业绩。多年来，我亲眼见证许多人将这些科学理念和方法自然而然地运用到生活的方方面面，从而得以体验更丰富的乐趣、更高的效率和成就感。

接下来，我将对每章内容做简要介绍。我建议大家按顺序阅读，因为每章的概念和策略是循序渐进的。但如果你想复习某个特定的概念，或者想重做某些练习，那么你可以随时返回去阅读。

第一部分：科学销售的心态与特质。

第 1 章“心态，解锁销售潜力”阐述了成就心态和成长心态两种心态。科学证实，这两种心态能够对销售结果产生深远影响。在这一章中，你还将读到接纳及提升这两种心态的具体方法，从而取得更大的成功。

第 2 章“韧性，销售成功的隐性资本”揭示了成功所需的首要特质，韧性不仅能预测你将在销售行业坚持多久，还能预测你未来能达到的销售技能水平。这一章将为你揭晓你目前是否具备这种特质，告诉你如何才能增强这种特质。

第 3 章“目标，激发销售动能”提出了 7 种有科学依据的策略。这些策略将增大你达成目标的可能性。仅采用其中一种，就能带来显著效果；而 7 种策略全部采用所产生的复合效应，能极大地提升你达成任何销售目标的能力。

第二部分：科学销售的决策引导策略。

第 4 章“‘销售 6 问’，让购买顺理成章”阐述了如何使我们的销售方式与潜在客户形成购买决策的方式保持一致，从而为他们提供更加优质的服务。本章介绍的销售原则，不仅能够提升你引导买家完成购买过程的能力，还能提升你向买方传递重要价值的能力。

第 5 章“重构情境，让客户改变决定”介绍了重构情境框架背后的科学原理，还介绍了重构情境框架的 5 种方法。利用这套方法，你就能帮助买方以一种全新的、更有益的方式去看待事物。

第 6 章“流程优化，提高销售效率的科学路径”为你提供了一套提高整体销售效率的方案。你将了解到一些具有突破性的科学研究，并利用这些研究来优化销售流程，赢得更多客户。

第 7 章“非常规武器，提升销售额的 3 大‘奇招’”探讨了如何利用一些出奇制胜的非凡策略来提升自己的竞争优势，赢得更多的销售额。

第三部分：科学销售的持续成交法则。

第 8 章“诚信销售，深化与客户的关系”从全新的科学角度探讨了诚信销售的意义及其带来的巨大益处。你将学会如何辨别操纵和影响，获知销售人员何时最有可能采取操纵行为，掌握相关的措施保护自己、客户及他人免受不道德销售行为的伤害。

第 9 章“持续学习，获得必然且长久的成功”揭开了如何实现销售职业发展的神秘面纱，我相信你会反复阅读此章。此章介绍了一个强大的公式，它能帮助你创造积极变化，实现质的飞跃。如果你决心在事业上迈出一大步，那么此章的内容定会令你受益匪浅。

在如今的销售和商业领域，你必须利用一切抓住优势。当前的市场竞争已激烈到白热化程度，如果你不寻求改进和突破，就会被对手甩在后面。你再也无法奢望安于现状。无论你是销售行业的新人，还是经验丰富的老手，本书分享的科学实证策略都将为你提供前所未有的机会，帮助你在竞争中保持领先，取得成功。这正是科学的力量——有实证支持的绝佳方法，能帮助我们获得工作和事业上的提升。让我们从探索决定销售业绩的两种心态开始这段旅程。

SELL MORE
WITH SCIENCE

目 录

SELL
MORE
WITH
SCIENCE

第一部分

科学销售的心态与特质

SELL MORE WITH SCIENCE

第 1 章

心态，解锁销售潜力

销售精英们的一个显著特征是他们的心态为成功奠定了基础。换言之，良好的心态能助力他们取得优异的销售业绩。这一点不足为奇。毕竟，心态不仅决定了我们如何感知、理解以及应对我们所处的世界，也决定了我们在不同环境中发展自身的能力。[1] 无论是在销售领域还是在生活中，我们常常只关注行为和结果，而忽视了产生这些行为和结果的动机。研究表明，我们的心态对业绩表现有着巨大的影响。[2]

那么，心态能够对行为产生多大的影响呢？在研究信念对人们行为的影响时，研究人员克里斯蒂娜·德拉加尼奇（Christina Draganich）和克里斯蒂·厄达尔（Kristi Erdal）发现：仅仅认为自己前一晚没睡好，就能使你当天的表现变糟。[3] 在实验开始时，研究人员告诉被试：在通常情况下，成年人夜间有 20% ～ 25% 的时间处于深度快速眼动睡眠状态，而处于该状态的时间低于 20% 的人往往会在认知测试中表现不佳。随后，被试获知，研究人员将对他们整晚的睡眠质量进行跟踪。第二天早上，研究人员随机告知部分被试他们经历了低质量的睡眠——只有 16.2% 的时间处于快速眼动睡眠状态，再告诉另一部分被试他们经历了高质量的睡眠——28.7% 的时间都处于快速眼动睡眠状态。随后，当被试接受一项深受睡眠质量影响的认知技能测试时，无论他们的实际睡眠质量如何，相较于那些被告知经历了高质量睡眠的人，那些被告知经历了低质量睡眠的人表现得明显更差。换句话说，认为自己没睡好与实际睡眠质量差能够对人们的表现产生同样的影响。

心态之所以十分重要，是因为它会引导我们以可预测的方式行事，从而影响表现好坏。每次给销售人员做培训时，我都会遇到这类情况。通常，只需在培训前与学员进行交谈，无须亲眼看见他们的实际表现，我就能准确预测出谁会成为销售冠军。有些心态能够助力我们取得成功，使我们超越自己的潜能，成为佼佼者。有些心态则会扼杀个人成长，影响业绩表现，此类心态会使销售人员以消极方式行事，导致其销售业绩降低。

在对心态以及如何培养积极心态进行深入探讨之前，请记住：你的心态由你自己做主。在任何时候，你都可以选择对你有利的心态。在通常情况下，我们会下意识地采纳周围人的观点和态度，而非自己主动做决定。或许你参照父母、老师、上司或朋友，形成了特定的与人交往的方式，又或许某次糟糕的经历促使你采取了防御或悲观的方式来保护自己。科学研究表明，无论你目前的心态是如何形成的，你都可以做出改变。心态是习得的，这意味着你能够摆脱那些阻碍你前进的心态，重新选择那些有助于你实现目标的心态。事实上，你应对自己的心态进行分析，摒弃所有对你无益的心态。

如何才能做到这一点呢？接下来，我们将对两种决定行为效率和结果的基础心态（成就心态和成长心态）进行分析，为你解答该问题。

成就心态，自我实现的预言

成功始于心态。研究发现，如果人们对自己没有信心，那么他们就很难取得卓越的成就。因此，如果你认为自己无法完成某个目标，那么结果很可能正如你想的那样。社会科学家彼得·舒尔曼（Peter Schulman）在研究销售人员如何取得优异的业绩表现时发现："对成功或失败的预期往往成为自我验证的预言。相信自己定会成功的信念能够激励人们努力克服障碍，实现目标。研究表明，认为自己定会成功的信念能够促使销售人员超额完成任务，而认为自己定会失败的信念则往往导致销售人员表现欠佳。"[4]

舒尔曼的研究证实了成就心态的力量。成就心态指的是"你相信自己有能力取得理想结果"。[5]研究人员通常将这种心态称为"自我效能感"（self-efficacy）。40多年来，关于成就心态的学术研究表明，"相信自己能够做到"是"真正做到"的先决条件。研究人员还对成就心态与企业绩效之间的联系进行了元分析，他们发现：**成就心态不仅影响人们究竟能够获得多大的成功，还能预测人们是否能成功。**[6]

维克多·谢列布利雅柯夫（Victor Serebriakoff）的亲身经历就是成就心态惊人影响力的最佳例证之一。在人生的前30年里，他一直举步维艰。他15岁就早早辍学，就业也一直不顺，常常需要做一些体力活。[7]31岁时，维克多加入了英国军队。此前的种种失望经历，使得他打心眼儿里认为自己永远都不会有什么出息。

然而，在入伍后不久，他接受了一次智力测试，结果表明他的智商高达161。[8]自己竟然是个天才！这一结果极大地改变了维克多对自己的信念。他信心大增，甚至接受了之前从未想过的挑战，比如训练新兵等。退伍后，他的生活发生了翻天覆地的变化。此前，他连最简单的工作都做不好；如今，他却成为一位著名的作家、发明家和商人。维克多最为人熟知的身份，或许是他曾担任门萨俱乐部的主席。该组织要求其成员的智商位居全球人口的前2%。他被公认为推动门萨俱乐部发展成如今这样一个有影响力的国际组织的重要人物之一。[9]

人人都有成就心态，关键在于究竟有多强。[10]行为科学家发现，成就心态之所以能够影响人们成功与否，是因为它能够产生一种强烈的证真偏差（confirmation bias，又称确认偏差）。证真偏差能够让我们改变自身行为，从而强化我们对自己能力的信念。[11]例如，尽管维克多一直都拥有很高的智商，但早年的他视自己为失败者并采取了验证该信念的行为。他的不自信，最终导致他自证其预言。[12]智力测试之后，他的成就心态得以增强。他开始自信满满，这使得他有勇气尝试新的行为方式并敢于冒险，而这些最终使他获得成功。同样，20 世纪最著名的体育成就之一——罗杰·班尼斯特（Roger Bannister）突破 4 分钟 1 英里（约 1.609 千米）大关，也许最能说明证真偏差对个人表现的影响。1954 年 5 月 6 日，24 岁的医学院学生班尼斯特完成了当时所有人都认为不可能完成的任务：他用 3 分 59 秒跑完了 1 英里。在班尼斯特打破纪录之前，大多数人都认为，人类不可能在 4 分钟内跑完 1 英里；一些医生甚至公开表示，如果有人胆敢尝试这么做，身体承受的压力会导致其心脏爆裂。

班尼斯特以实际行动证明他们错了。然而，相较于他破纪录本身的震撼性，更重要的是这一突破带来的连锁反应。仅在 46 天之后，就有另外一名选手打破了班尼斯特的纪录。在接下来的 1 年内，有 3 位选手在同一场比赛中突破这一大关。[13]3 年之内，又有 16 名选手陆续打破纪录。[14]如今，已有 1 000 多名选手突破了“不可能的”4 分钟 1 英里大关。[15]

几十年来，跑步者们一直在试着突破 4 分钟 1 英里这一大关。直到班尼斯特打破纪录之后，才有数十人开始轻易突破这一速度大关。究竟是什么导致了这种不可思议的变化呢？答案正是他们的成就心态。在分析班尼斯特的突破对其他跑步者带来的影响时，沃顿商学院教授约拉姆·“杰瑞”·温德（Yoram “Jerry”Wind）和科林·克鲁克（Colin Crook）解释道：“过去，跑步者们一直认为自己无法在4分钟之内跑完1英里，他们的表现被这种心态束缚了。而当班尼斯特有了突破之后，其他人也纷纷认识到，他们同样能够做到他们之前认为不可能做到的事情。”[16]

从销售的角度来看，我们可以将成就心态视为一种能够设定成功水平的“心理调节器”。那些对自身能力有坚定信念的人，不仅目标更加高远，行动力更强，而且百折不挠，锲而不舍。[17] 正如社会科学家阿尔伯特·班杜拉（Albert Bandura）所说：“人们对自身能力持有的信念，对这些能力本身有着深远的影响。能力并不是固定的，个人表现存在巨大的可变性。自我效能感高（即具备较强的成就心态）的人能快速从失败中振作起来；面对问题时，他们往往着眼于解决问题，而非担心出差错。”[18] 简言之，你在任何销售或商业环境中的表现，都取决于你的成就心态。

精准成交的实践 SELL MORE WITH SCIENCE

在销售中，心态比智商更重要

智商对能否取得销售成功有影响吗？毫无疑问，智商十分重要。想要有效驾驭复杂的销售环境，智商至少应达到中等水平。然而，智商可能远不如你想象的那么重要。大量研究分析了智商对人们完成任务或实现目标的影响，发现智商并不是成功与否的预测因素。[19] 事实上，正如经济学家詹姆斯·赫克曼（James Heckman）指出的那样，数据显示，收入水平与智商水平之间的相关性仅为1%～2%。[20] 研究表明，比智商更重要的是人们所持的心态。

成就心态还能激发销售人员的自信心，使其在不利环境中也能游刃有余。由于他们相信自己，所以在面对买家的反对意见时，他们不会退缩，反而会自信地表达自己的想法，从而鼓励潜在客户给出积极回应。[21] 行为科学家唐·摩尔（Don Moore）研究发现，我们的大脑会本能地信任那些能够大方自信地展示自己、表达想法的人。[22] 表现出真正的自信，才能自然而然地激发他人对你的信心，这是销售成功的关键。

是否拥有健康的成就心态，将决定你能否取得成功。你可以借助下面的快速测评了解自己当前的心态评级。

成就心态测评

为了对你的心态评级做出评估，请用 1 ～ 5 分来回答每道陈述："1"代表"完全不同意"，"2"代表"不同意"，"3"代表"不确定"，"4"代表"同意"，"5"代表"完全同意"。

1. **我能够达成大部分销售目标。**

   1= 完全不同意；2= 不同意；3= 不确定；4= 同意；5= 完全同意

2. **遇到销售困境时，我通常能够解决问题。**

   1= 完全不同意；2= 不同意；3= 不确定；4= 同意；5= 完全同意

3. **一般来说，我能够取得对我个人和组织而言都十分重要的销售成果。**

   1= 完全不同意；2= 不同意；3= 不确定；4= 同意；5= 完全同意

4. **我总能成功完成销售任务。**

   1= 完全不同意；2= 不同意；3= 不确定；4= 同意；5= 完全同意

5. **在销售过程中，我能够成功克服大多数困难。**

 1= 完全不同意；2= 不同意；3= 不确定；4= 同意；5= 完全同意

6. **我相信我能成功执行销售流程中的全部环节。**

 1= 完全不同意；2= 不同意；3= 不确定；4= 同意；5= 完全同意

7. **与其他人相比，我非常擅长销售。**

 1= 完全不同意；2= 不同意；3= 不确定；4= 同意；5= 完全同意

8. **即便遇到困难，我也能表现出色。**

 1= 完全不同意；2= 不同意；3= 不确定；4= 同意；5= 完全同意

现在，请你将所得分数相加，计算出最终分数（分数范围为 8 ～ 40 分），对照表 1-1，了解你目前所在评级。

表 1-1　成就心态测评表

分数	评级
35 ～ 40	高销售成就心态
30 ～ 34	中等销售成就心态
24 ～ 29	低销售成就心态
8 ～ 23	极低销售成就心态

别担心评级，它只是一个起点。即便拥有“高销售成就心态”，也不应松懈。实际上，评级并非一成不变，因此，你可以随时改变、提升自我。

培养成就心态的 3 个策略

肯从事销售工作已近 10 年，虽然他内心渴望成长和进步，但他的职业生涯始终不见起色。他之所以进展缓慢，并非因为缺乏动力，而是因为受制于低成就心态。小时候，他信任的大人曾告诉他，他将来不会有什么大的成就。这导致他一直以来都认为自己无法实现梦想。因此，肯通常只愿意选择一些能够轻松达成的小目标。在面对挫折或困难时，他常常会选择放弃；在与客户谈判或遇到强硬反对时，他也难以坚持自己的立场。虽然肯知道他的心态给自己的职业生涯和生活带来了极大的束缚，但他不知道该如何解决。

我们每个人或多或少都经历过低成就心态。或许是亲近之人的冷言冷语，或许是消极负面的自我对话，又或许是不良环境，让你难以保持自信。无论是何种原因导致的，这个问题都应引起你的足够重视。那些像肯一样常持低成就心态的人，不仅销售业绩较差，做事拖延，而且更易放弃目标。简言之，自我设限抑制了我们达成目标的能力，导致我们更易失败。但你不妨这么想：我们每个人都曾惊讶于自己竟然能实现一些我们原本认为无法实现的目标。这些经历证实了你完全可以突破心态带给你的束缚。可惜的是，此类经历并不常见，所以我们才会为之感到震惊。正因如此，**销售成功的首要关键是培养成就心态。**

在销售领域和商界，我们经常要迎接挑战，克服困难。如果你像肯一样持低成就心态，请记住：与你一样的人不在少数，并且你完全可以摆脱这种心态，就像前文提到的维克多·谢列布利雅柯夫那样。接下来，我将介绍经科学验证的 3 个策略。这些策略将帮你调整心态，实现职业目标，全面提高生活质量。

策略 1：越挑战，越自信

提升成就心态最有效的方法是让自己处于富有挑战性的环境之中，促使自己提高能力，从而提升自信心。[23] 请记住，成就心态不仅需要我们全身心投入，不懈努力，而且必须立足于现实。这是成就心态的最关键之处。你无法通过自欺欺人来培养这种心态。因此，当你深知自己的销售技能差，却试图说服自己是一名出色的销售员时，这种做法并不能改善你的心态。正如社会心理学家戴维·迈尔斯（David Myers）所说，**只有获得了来之不易的成就，才能实现成就心态的成长。**[24] 如果没有付出努力，那就只能获得自负。迎接挑战，跳出舒适区之所以是培养健康成就心态的关键，原因就在这里。

每当我为客户培训新员工时，我都会要求他们将我视为买家，带我熟悉整个销售流程并向我“推销”产品或服务。这往往会让他们倍感压力，因为他们知道我比普通买家更难说服。然而，当完成这个练习后，他们不仅信心大增，销售额也随之猛涨。通过发展新知识和技能并在具有挑战性的情境中加以运用之后，他们便获得了稳健的成就心态，提升了销售能力，而这将助益他们整个职业生涯。

精准成交的实践 SELL MORE WITH SCIENCE

通过销售培训培养成就心态

对于销售人员而言，提升成就心态的一条最佳途径就是销售培训。有效的培训将助你掌握销售技巧，而这反过来又会自然而然地提升你的成就心态。[25] 因此，如果你是一名销售人员，那么我建议你寻求高质量的培训来提升自身技能。如果你是一名销售主管，那么你应确保手下所有的销售人员都接受过良好的培训，这将使你们整个团队受益匪浅。

我们不妨花点儿时间做个练习，帮助你培养成就心态。想一想，你对自己的哪项销售技能不是特别自信？为了提升这项技能，你能给自己提出何种挑战？例如，如果你觉得自己不擅长做销售演示，那么你可以向经理或同事演示，请他们给出反馈意见，告诉你如何改进。

哪项挑战能使你的销售能力和自信心得到提升？

____

你将在何时，以何种方式迎接这项挑战？

____

现在，你已经知道哪项挑战能帮助你培养成就心态，那就赶紧行动起来吧。每当你跳出舒适区，追求更具挑战性的目标时，你会发现，不仅自己的心态有了极大的提升，职业生涯也变得更加丰富多彩。换言之，不要试图寻找捷径。挑战困难，赢得自信。

策略 2：反思与消除

他人的言语既能激励我们，也能击垮我们。[26] 我们每个人在销售过程中都会遇到批评或拒绝。如果你无法有效应对，他人的消极言行将使你备受打击，难获佳绩。那么，我们究竟应当如何应对他人的批评或拒绝呢？在此，我向大家推荐一种我自创的高效策略——反思与消除。我已向数千名销售人员传授过这种策略，帮助他们保持并提升成就心态。

具体方法如下：在销售中遭遇拒绝、负面反馈或陷入困境时，你应当先对已发生的一切进行反思，从中吸取经验和教训。一旦你知道自己能够在哪些方面进行优化，并据此制定相应的实践策略，你便可以开始执行第二步——消除。

“消除”取其字面意思，即将拒绝和负面反馈从脑中消除，不再去想。当你反思整件事情时，你已经吸取了经验和教训，揪住不放只会削弱你的自信心，使你无法做出积极的改变。若想继续前进，你就要将精力集中于积极的事情上。记住，你的心力由你做主。通过聚焦于提升自信心和技能水平等积极想法，你的成就心态会自然而然地得到提升。刚开始使用“反思与消除”策略时，你的思绪可能会不由自主地回到负面评论上，但请务必坚持下去。正如其他后天习得的技能一样，练习得越多，这项技能掌握起来就会越轻松，越自然。

让我们将“反思与消除”策略应用到开发新业务这种常见的销售情境之中。想象一下，当你试图联系一位潜在客户时，你遭到了对方的严词拒绝。碰壁后，你应先进行反思：当时如果换种做法，结果是否会更好些？（如果你不知道该如何反思，也无须担心。在本书的第 4 章和第 5 章中，我们将探讨如何对此类事件进行诊断和纠错。）接下来，再想一想，你应如何将此次的经验教训应用到未来的实践中去。例如，如果从潜在客户的反应中，你认识到了自己未能充分展示出商品或服务的价值，那么，你就应针对这一点进行练习，直到你能做到为止。然后，你便可以将此段不愉快的遭遇抛诸脑后，不再纠结于此。此时，你应将精力重新聚焦于积极的事情上，如最近获得的成功等。你还可以提醒自己，由于之前的种种努力，你已经超额完成本季度的销售任务。“反思与消除”策略既简单易行，又非常强大，它能让你不再因他人否定而意志消沉。

精准成交的实践 SELL MORE WITH SCIENCE

销售主管的鼓励可以提升成就感

销售主管可以通过向销售人员表达自己对他们业务能力的信心来提升他们的成就心态。[27] 这种做法十分有效。如果你是一名销售主管，请向团队传递你对他们的坚定信心。如果你是一名销售人员，请大方地接受同事的真诚赞美。

策略 3：练习积极的自我对话

消极的自我对话是销售人员无法拥有高成就心态的一个重要原因。他们的自我对话不仅使他们怀疑自身能力，还因此削弱了他们的业绩水平。

你是否对自己说过“我做不到”或者“我永远也没法赚到那么多钱，永远也没法取得那么大的销售成就”之类的话？如果不加以控制，这种消极的自我对话将阻碍你实现目标。这是一个稍不留心就会掉入的陷阱。然而，你完全可以将消极的自我对话扭转成积极的自我对话，提升你的成就心态。这一点至关重要，因为已有研究证实：以有效方式自我对话，能够提高业绩表现。[28]

首先，你需要认识到，并非所有的自我对话都是准确的。正如研究员艾丽卡·安德森（Erika Andersen）所说：“我发现，能够对自己做出准确评价的人，往往会先承认自身观点存在偏见或缺陷。随后，他们会努力提高自我评价的客观性……其诀窍在于关注自我评价的方式，并质疑这种自我对话的准确性。”[29]

每当消极的自我对话出现在脑海中时，你需要将注意力集中于其不实之处，以此加以反驳。然后，你便可以用更准确、更有益的想法来鼓励自己。例如，将“我永远都不可能成为一名优秀的销售员”换成“每一位伟大的销售员都曾是不懂销售技巧的新手，但通过刻苦学习，努力提升成了顶尖销售员，我同样能够做到”。或者，将“我今年的销售额不可能达到500万美元”换成“我们公司有员工已经完成了500万美元的销售额，如果我更加努力并提升技能，那么我今年同样能够完成”。

你可以通过下面的练习来识别并替换消极的自我对话。当你想要实现一些较大的销售目标时，你脑海中会浮现出哪些消极的自我对话？

消极的自我对话1：

____

消极的自我对话2：

____

现在，你需要用更有力的观点来取代此类消极的自我对话，从而提升成就心态。

积极的自我对话1：

____

积极的自我对话2：

____

既然我们已经了解了成就心态对销售业绩的积极影响，那么接下来，我们不妨再来探讨另一种与之相关的心态。这种心态会极大地影响你的成功水平。

成长心态，销售业绩的正循环

1999 年，励志演讲家克雷格·瓦伦丁（Craig Valentine）实现了自己的梦想，他在著名的国际演讲会世界冠军公开赛（World Championship of Public Speaking）中摘得桂冠。这项由国际演讲会（Toastmasters International）组织举办的年度赛事，云集了来自全球各地的顶级演讲者。他们共聚一堂，争夺梦寐以求的世界冠军头衔。这一殊荣将为他们打开专业演讲和企业演讲领域的大门，为他们赢得丰厚的酬劳。

然而，在达成自己多年追逐的目标之后，克雷格做了一件更加了不起的事情。刚捧着和自己一般高的奖杯回到巴尔的摩的家中后，克雷格就直奔书店，买了一本关于公众演讲的书。[30]

让我们暂停片刻，细想一下他此举的深意。

究竟是什么驱使一位刚刚加冕世界演讲冠军的人去买一本关于演讲的书？答案正是他的心态。科学家们将这种心态称为“成长心态”。实际上，克雷格拥有的是“超级成长心态”。正是这种心态让他赢得了世界演讲冠军，并促使他在夺冠之后买了一本书进一步掌握它。

成长心态是一种相信自己能通过专注和努力来提升自身能力的心态。[31] 来自斯坦福大学的卡罗尔·德韦克（Carol Dweck）教授是研究成长心态的权威专家。她指出，成长心态之所以拥有如此强大的力量，是因为它建立在“我们能够做出改变”的信念之上。[32] 那些像克雷格一样拥有成长心态的人始终坚信，无论处于哪个领域，无论他们目前拥有的知识和技能水平如何，他们都能够通过学习不断进步，不断提高。大量研究证实，拥有成长心态的人更有可能在销售领域、商业领域及其他任何领域取得成功。

明确地说，成长心态与成就心态密切相关。**只有拥有成长心态，才能发挥出成就心态的巨大力量。**一旦拥有了成长心态，你就会不断鞭策自己做得更好。因此，你会在实现目标的路上不断前行，这反过来又会增强你实现目标的信念。成长心态是成就心态的基石，这正是它如此重要的原因。

在《销售的科学》一书中，我简要提到了成长心态与销售成功之间的高度相关性，并建议销售主管和企业领导者聘用能够充分展示这种心态的应聘者。现在，我们不妨深入探讨一下为什么成长心态能够产生如此大的影响，它们是如何影响销售业绩的，以及我们应如何培养、强化自己的成长心态。[33]

成长心态能够帮助你更好地理解、应对失败经历，从而为成功奠定基础。[34] 失败乃人生常事。然而，拥有成长心态的人能够以一种截然不同的方式应对失败。[35] 他们不会因失败而自责，将自己视为失败者；而是将失败经历视为一种有效反馈，认识到自己此次没有做到位，下次会加以调整，做得更好。[36] 这种看待问题的视角使得他们更有可能从错误中吸取教训，从而为他们日后的成功奠定基础。哈佛商学院教授弗朗西斯卡·吉诺（Francesca Gino）、布拉德利·斯塔茨（Bradley Staats）和克里斯·迈尔斯（Chris Myers）研究发现，拥有成长心态的被试不仅能为自己在初始任务中的糟糕表现承担责任，而且在后续任务中的成功率要比其他被试高出约 2 倍。[37] 他们能从失败中吸取教训，这有助于他们在今后遇到类似情况时做出调整并取得成功。[38]

“成长心态能够助力人们获得成功”这一观点不仅有研究数据的支持，而且在我培训的每一个组织中都得到了实践验证。在与来自全球各地的销售人员一起工作，指导他们如何运用科学的销售策略来提高业绩时，我总能观察到，那些拥有成长心态的人不仅能够坚持不懈地提升自身技能，而且会将失误视为学习机会，不断调整以克服障碍。凡此种种，都为他们日后的成功打下了坚实基础。事实上，在我接触过的众多销售人员中，没有哪位销售人员是在不具备成长心态的情况下成为销售精英并保持卓越业绩的。在快节奏的销售和商业世界里，成长心态已成为人们保持竞争力的必要条件。

虽然我们每个人的经历、天赋、兴趣和能力各不相同，但成长心态提醒我们：只要全力以赴，我们每个人都能充分发展自身能力。正是这种对不断进步的积极关注，使得成长心态以及与之相关的成就心态成为我们事业和人生中的强大力量。

固定心态陷阱

当然，任何事物都有其对立面。成就心态更像是一个从低到高的范围，你所选择内化和培养的信念，决定了你在该范围中处于何处。信念的变化，将使你所处的位置发生上移或下移。有一种与成长心态相反的心态叫“固定心态”，它建立在“永久性”的理念上。**拥有成长心态的人坚信自身能力能够得到提升，拥有固定心态的人则会认为自身能力无法改**

变。[39] 持有固定心态的人认为自身能力早已确定，他们倾向于将失败视为自己不应从事此份工作的证据，而非学习和提高的机会。[40] 可惜的是，固定心态陷阱极为常见。即便是那些拥有非凡才华的人，也很容易掉入这个陷阱。我曾亲眼见证有人因此丢了业绩，甚至毁掉整个职业生涯。

可想而知，作为成长心态的对立面，固定心态会极大地限制人们自我提升。其主要原因是：这种心态会使人们将失败视为自身能力的写照。因此，拥有这种心态的人往往不会倾听具有建设性的反馈意见，因为他们会将此类意见理解为对自身能力的否定。[41] 给他们做培训或指导也绝非易事，因为他们往往不愿专注于自我提升，而更愿意将精力放在证明自己已经足够优秀上。哈佛商学院名誉教授克里斯·阿吉里斯（Chris Argyris）精辟地总结了固定心态对学习的负面影响。他指出，固定心态会让人“变得自卫，拒绝批评，推卸责任。简言之，他们在亟须学习的时候拒绝了学习”。[42]

如果你也经常掉入固定心态陷阱，请不要担心。后文会详细为你讲解培养成长心态的具体方法。现在，我们不妨先来看看，拥有固定心态和拥有成长心态的销售员在业绩上会存在何种差异。

心态不同，业绩上会存在差异吗

心态会对销售业绩产生切实影响吗？答案是肯定的！密歇根州立大学的研究人员针对成长心态和固定心态如何影响个人表现展开了研究。[43] 他们先邀请被试做了一项测试，以确定每位被试持有的心态类型。随后，研究人员要求被试完成一项极具挑战性的任务，并在他们犯错时测量他们的大脑活动。与拥有固定心态的被试相比，拥有成长心态的被试在犯错时神经活动更频繁。这表明后者的大脑正在积极处理他们的错误，努力从中吸取教训。

研究人员还注意到，拥有成长心态的被试能够将自身所犯错误视为具有指导意义的反馈，而拥有固定心态的被试则会将犯错视为自身能力不足的体现，这种认知降低了他们的神经活动的水平和参与程度。更重要的是，“与拥有固定心态的被试相比，拥有成长心态的被试在犯错后表现出更高的准确性。”[44] 换言之，后者的心态决定了他们能够在后续任务中取得进步。

成长心态能够带来卓越绩效，这并非新观点。早在 1989 年，社会科学家罗伯特·伍德（Robert Wood）和阿尔伯特·班杜拉就进行过相关研究。该研究结果表明：当被试持成长心态时，其业务成果会有所提高；而当被试持固定心态时，其业务成果则会下降。[45] 在观察心态对常见的销售谈判有何影响时，社会心理学家劳拉·克雷（Laura Kray）和迈克尔·哈兹尔休恩（Michael Haselhuhn）开展了多项研究，他们也得出了类似的结果。[46] 在其中一项研究中，持固定心态的被试和持成长心态的被试均参与了一场复杂的谈判。持成长心态的被试比持固定心态的被试明显赢下更多谈判，两者成功的比例几乎为 2 ： 1！

由于拥有成长心态的人能够从错误中学习，他们的行为方式能提高其能力和信心，这就自然而然提升了其成就心态。[47] 相反，那些拥有固定心态的人在遇到挫折时会选择退缩，这无疑削弱了他们对自己的信心。因此，自信是顶尖销售人员的一个重要特征也就不足为奇了。

此外，成长心态还能提高整个团队甚至整个组织的整体绩效，当企业领导者围绕成长心态来打造企业文化时尤为如此。[48] 2014 年，当萨提亚·纳德拉（Satya Nadella）出任微软公司首席执行官时，人们一致认为微软需要进行重大变革才能与时俱进。彼时，公司股价停滞不前，产品开发滞后，员工士气低落。7 年之内，在纳德拉的领导下，微软毫无疑问已经成为一家更加健康的公司。微软公司这些年来的股票价格足以证明一切（见图 1-1）。

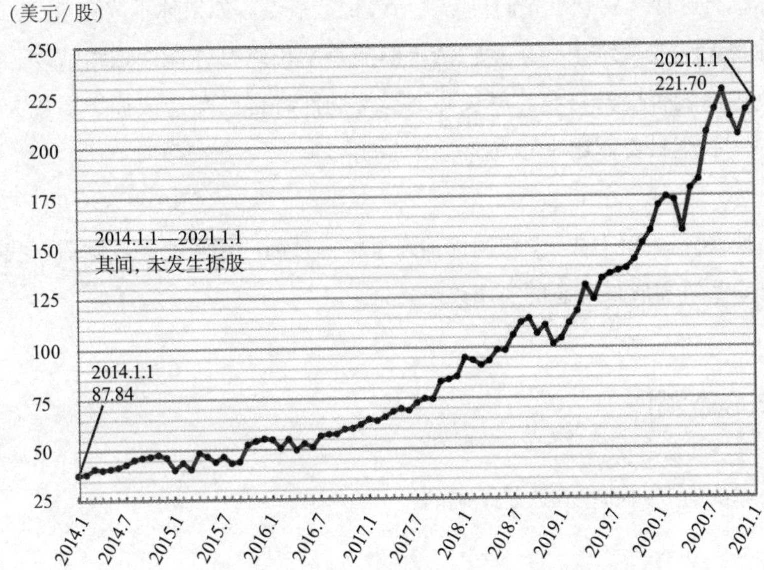

图 1-1　2014—2021 年微软公司月度股价变化

纳德拉是如何领导公司实现转型的呢？据《哈佛商业评论》称，他是以一项重要原则来推动组织变革的，即“成长心态而非固定心态，是发展充满活力、注重学习的企业文化之关键”。[49] 除在日常管理中以身作则外，纳德拉还会奖励那些学习型员工，而非知识型员工。[50] 每次企业会议结束时，领导们都会问与会人员：“本次会议的基调是以固定心态为主还是以成长心态为主？为什么？”对成长心态的全方位关注，不仅鼓励了员工们协作创新，还改变了整个公司，扩大了公司在市场中的影响力，使公司得以向客户提供更大的价值。

这就是成长心态的力量。成长心态不仅能促进销售额的增长，还能使个人、团队和组织做出积极改变。此外，成长心态能够使人相信：无论现今的水平和能力如何，我们都能通过改变和提升，去实现目前无法企及的目标。而这种转变始于我们自己，请谨记这一点。如果你不改变自己，那么你将无法改变结果。毕竟，销售额能否增长以及你能否取得成功，都取决于你能否提升自我。成长心态能帮助你将自己塑造成你想要成为的人—— 一个只要下定决心就定能成功的人。

现在，让我们做一个快速评估来了解你目前的销售心态。随后，我将分享一些培养成长心态的实用策略。

成长心态测评

你认为下列哪些陈述是正确的？

1. 一个人的销售技能很难得到提高；有些人天生拥有销售能力，而有些人则没有。
2. 无论你起步如何，你都能提高自身的销售技能。
3. 虽然你可以学习新的销售策略，但你的业绩水平主要取决于你与生俱来的天赋和个性。
4. 无论你目前水平如何，你都应通过不断努力来提高自身的销售技能。

你可能已猜到，认可第 1 句和第 3 句陈述的人拥有固定心态，而认可第 2 句和第 4 句陈述的人则拥有成长心态。你的选择又体现了哪种心态呢？

下面还有一些测试，你可以用来评估自己的心态。

1. **你如何看待这句话：销售技能就好比肌肉，需要通过不断锻炼来增强。**

   A. 完全同意　B. 部分同意　C. 完全不同意

2. **过去一年中，你为提升自身销售技能付出了多少努力？**

   A. 很多　B. 一点儿　C. 完全没有

3. **你如何看待这句话：伟大的销售人员是天生的，而非后天造就的。**

   A. 完全不认同　B. 部分认同　C. 完全认同

在上述测试中，A 代表成长心态，B 代表固定心态和成长心态的混合心态，C 则代表固定心态。如果你发现自己大多数选 A，那表明你的心态很好。你可以继续保持并学习如何进一步提升成长心态。如果你大多数选 B，那我将带你了解如何更多地转向成长心态，而非固定心态。如果你大多数选 C，那也不用担心。本书将教你如何获得成长心态，帮助你提升销售技能，取得更大的成功。

另外，成长心态和固定心态还会影响到我们生活的方方面面。因此，如果你想对自己在其他领域的心态进行评估，那不妨试着替换上述问题的主题。例如，将“伟大的销售人员是天生的，而非后天造就的”替换成“优秀的父母是……”“成功的企业创始人是……”“睿智的投资者是……”等。

精准成交的实践 SELL MORE WITH SCIENCE

不断自我评估，减轻固定心态的影响

事实上，没有人一直拥有纯粹的成长心态。[51] 大多数时候，我们在一些领域中持成长心态，而在另一些领域中持固定心态。你甚至可能持二者兼具的混合心态。关键在于你需要不断地对自己的心态进行评估，以确保在自己希望获得提升的领域不受固定心态的影响和限制。

既然你已经完成评估，那不妨来了解一下你应如何培养成长心态吧。或许，你还能鼓励周围的人也培养这种心态。

培养成长心态的 7 种策略

大量研究表明，我们能够通过具体措施来培养和提升成长心态，从而为成功打下坚实的基础。你可以从以下 7 种策略着手：

策略 1：识别固定心态的诱因

当你开始有意识地培养成长心态时，你会注意到，某些触发因素会使你以固定心态去思考并做出反应。[52] 关键不在于你是否遇到过此类触发因素，而在于此类触发因素是什么。了解了哪些情况可能会触发固定心态，你便能更轻易地识别它们，进而减少此类情况对你产生的影响。

通常，此类触发因素包括挑战、与他人的比较、来自外界的批评或负面评论、公开场合犯错或失误等。就我而言，遭遇挫折很容易使我陷入固定心态，尤其是遭遇意料之外的挫折。例如，某个重大项目突然被推迟，出差或旅行计划被打乱，在工作或家庭生活中遇到了意想不到的麻烦事。正是通过反思使自己陷入固定心态的具体事件，我认识到了其诱因。既然诱因已确定，接下来，我就能通过解决问题来摆脱固定心态带来的负面影响。

现在，你不妨仔细思考一下哪些触发因素会使你陷入固定心态。你可以通过完成下列句子来做好心理准备。日后，再次遇到类似情况时，你便可以快速识别，及时应对。

固定心态诱因练习：

1. 当（　　）时，我经常会陷入固定心态。

____

2. 当（　　）时，我经常会陷入固定心态。

____

策略 2：以成长为导向进行自我对话

与培养成就心态一样，积极的自我对话也有助于培养成长心态。发表在《组织行为学杂志》（*Journal of Organizational Behavior*）上的一项研究发现，进行有效自我对话的被试不仅获得了业绩提升，而且给组织带来了积极影响。[53]

如何通过自我对话提升成长心态？每当你发现自己冒出“我做不到”等固定心态式念头时，将其换成“我怎样才能做到”等成长心态式问题。不要去想“这不可能”，而要去问“我该怎么做才能达成”。在练习的过程中，你会自然而然地习得这种以成长为导向的心态。

此外，在遇到具有挑战性的情况后，或者在一天结束时，你不妨向自己提一些以成长为导向的问题。这将提升你的成长心态。以下问题供你参考：

> 我今天学到了什么？
> 我在这种情况下犯了何种错误？我从中学到了什么？
> 我今天在哪些地方收获了成长、学习或者进步？
> 我今天做的哪件事能助力我将来取得更大的成功？

这些问题并不限于销售领域。任何人都可以通过这种方式来提高适应力和工作效率。例如，我们甚至可以向儿童提出类似问题，这同样能够培养他们的成长心态。研究表明，这种心态将对儿童的学业、未来职业、婚姻及整体幸福感产生积极影响。

以成长为导向的自我对话练习：

1．针对固定心态诱因练习中的一例，写下这种情况下你脑海中的固定心态式念头：

____

2．现在，将其替换为成长心态式问题：

____

策略 3：与拥有成长心态的人为友

我的第一任销售经理曾告诉我："戴维，如果你想像雄鹰一样翱翔，就不要与火鸡为伍。"这话一点儿也没错。**与拥有成长心态的人为友，你将更容易培养出成长心态**。因此，你不妨向那些拥有成长心态的朋友、家人和同事取经，多向他们请教学习心得，并分享你在自我提升上做出的努力。来自一家小型软件公司的销售人员迪伦就是这么做的。每周二早上，他都会与一位同事共进早餐，分享上周的收获。迪伦告诉我，这些对话是他成功的关键。由于每周都需要向对方汇报自己的进展情况，这让他有了责任感。你也可以采取同样的方法：邀请志同道合的人加入自我提升之旅，共同学习，共同进步。

或许，你如今的处境同我多年前一样。当时，我发现自己周围的人都拥有固定心态或低成长心态。于是，我每天都会主动追寻销售和商业领域成功人士的脚步，他们都拥有超级成长心态。我会阅读他们的书，收听他们的有声读物和播客，观看他们的视频，参加他们的培训等。虽然当时我并不认识他们本人，也无法直接接触到像他们一样拥有高成长心态的人，但我依然能够沉浸在他们的思维方式之中，通过深入理解他们提供的内容来学习他们的想法和理念。

策略 4：拒绝固定心态式标签

在我们的一生之中，会有许多人给我们贴标签。他们会对我们评价道："你在这方面有天赋。"或者对我们说："你不擅长这个。"科学研究已经反复证实，这些言论对于我们如何看待自己、如何采取行动都有着巨大的影响力。他人的言语评价既有可能促使我们获得成功，也有可能导致我们前功尽弃。[54]

但是，你不必受限于任何标签。你完全可以将限制性标签抛诸脑后，代之以能够激发自己潜能的信念。想要做到这一点，你就必须下定决心，拒绝他人对你的固定心态式负面评价。此类评价不仅对你毫无助益，而且通常并不正确。如果有人对你说“你不擅长成单”，那你不妨问问自己，事实真的如此吗？你注定永远都不擅长成单吗？还是说，你能够习得任何一项技能，成单自然也不在话下？毋庸置疑，你完全可以实现自我提升。

对于销售而言，接受固定心态式标签将使你业绩下滑，影响你未来的成功。这就是我强烈建议你拒绝别人给你贴标签的原因。当有人试图将你归为某类人时，请不要去理会。你可以将其替换为成长心态式问题或陈述。例如，将“你不善于与人建立融洽关系”替换成“我怎样才能使自己更善于与人建立融洽关系”；将“你永远不会在销售领域取得成功，你不是这块料”替换成“我的销售技能暂时还未达到理想水平，但只要我接受培训，努力提升，我自然会达到理想水平”。

策略 5：拥抱“尚未”的力量

卡罗尔·德韦克在 TED 演讲中分享了一个故事：一所高中在给学生打分时，将“不及格”换成了“尚未及格”。[55] 德韦克解释道，“不及格”向学生传达了令人沮丧、使人崩溃的信息；而“尚未及格”向学生传达的信息则是：他们在学习上的努力没有白费，并且还有很大的提升空间。

对我们每个人而言，“尚未”同样是一款强大的工具。与其告诉自己“我不擅长向大型团体进行演示”，不如说“我还不擅长向大型团体进行演示”。试试看！你将惊奇地发现，这种语言上的微妙变化会激励你继续努力，不断进步，最终取得惊人的成就。

策略 6：借助行动强化心态

科学证明，我们不仅会根据自己的信念采取行动，而且我们的行为也会反过来影响信念。[56] 因此，符合成长心态的行为方式将进一步强化你的成长心态。

阅读本书，就是你以成长心态采取行动的证明。参与任何学习方面的活动，你都是在积极寻求自我提升。你不妨再进一步，问问自己学后所得。例如，“到目前为止，我学到了些什么”或者“目前所学内容有哪些是我可以应用到生活之中的”。

领导力发展教练克里斯蒂·赫奇斯（Kristi Hedges）曾发表过一篇出色的文章——《确保每位团队成员都将学习视为工作的一部分》（*Make Sure Everyone on Your Team Sees Learning as Part of Their Job*）。她在文中指出：“每次研讨会或培训结束后，你都应阐明自己的收获。不要只泛泛地说‘很有意思’，而要具体讲清楚。例如，你可以说：‘我曾以为自己善于倾听，但如今我认识到，我在这方面还有上升空间。今天，我学到了一些与他人互动的新方法。虽然我可能暂时还不太适应这些方法，但我决定试一试。’”[57]

策略 7：关注成长而非成果

在当今的商业环境中，销售尤其具有挑战性。随着每年涌入市场的竞争者越来越多，山寨产品和服务不断增加，加之市场环境动荡不安，销售人员都在思考如何给自己定位，才能更好地脱颖而出。这便是成长如此重要的原因。在如今这样瞬息万变的商业环境中，只有不断提高自身能力，才能适应变化，游刃有余。否则，便会陷入困境，举步维艰。实际上，销售人员只有不断成长，才能确保自己不会落后。

不妨思考一下这个问题：如果你完成了年度销售目标，但专业技能没有得到任何提升，那么这一年你是否真的收获满满呢？我认为并没有。原因在于，仅仅完成目标而没有实现自我提升，意味着你的成功很可能只是暂时的。只有不断聚焦于丰富知识和提升技能，你才能为获得长期成功打下基础。成长是创造持久成就的基石，这便是我们要时刻以成长为重的原因。

何谓以成长为重？销售人员每天坚持投入 20 分钟精进自己的演示技巧；销售经理每月阅读一本关于销售或者领导力的书籍，寻找能帮销售人员充分发挥其潜能的最佳方法；企业领导者不仅奖励员工在实现销售目标上取得的进步，并且为他们提供学习技能的机会，提供个人及职业发展的机会。凡此种种，不一而足。

一个以帮助企业提高销售业绩为职业的人，给出“关注成长而非成果”的建议，这听起来似乎有些奇怪。然而，根据我多年的从业经验来看，当销售人员聚焦于持续性自我提升时，销售业绩自然而然会随之增长；而当他们放弃自我提升时，销售业绩也会随之下降。这是因为持久的成功不是偶然的。你数天、数周、数月为自我提升付出的努力，终将提高你的工作效率。

本章我们探讨了成就心态和成长心态。这两种心态是提升效率、业绩水平及整体生活质量的基础。了解了它们之后，我们将探讨实现销售目标所需的首要特质。下一章我们将详细讲解如何培养这种特质，将你的销售业绩推向一个新的高峰。

让销售业绩翻倍的科学　SELL MORE WITH SCIENCE

- 成就心态不仅能够决定成功的上限，更是预测成就的关键指标。
- 聚焦于培养成就心态是销售成功的第一步。
- 拥有成长心态的人坚信自身能力能够得到提升，而拥有固定心态的人则会认为自身能力无法改变。
- 只有拥有成长心态，才能发挥出成就心态的巨大力量。

SELL MORE WITH SCIENCE

第 2 章

韧性，销售成功的隐性资本

试想一下，如果有某种方法可以在面试时预测出哪些员工会长期留在公司，哪些员工不会，那必然能给公司带来巨大的商业优势。《哈佛商业评论》指出，销售人员每年的离职率高达 27%。[1] 同时，高离职率还给公司带来平均约 60 万美元的损失。[2]

得益于近些年来的科学突破，我们现在能够准确地预测哪些销售人员最有可能长期留在公司，哪些员工会早早离开。在一项具有里程碑意义的研究中，4 位社会心理学家深入分析了人们在遇到困难时是选择放弃还是坚持的影响因素。他们特别研究了销售人员在遇到困境时是否会继续留在公司，以及陆军候选人在为期 24 天的严酷的陆军特种作战部队选拔课程中是否会中途退出的核心原因。[3] 结果发现，销售人员和陆军候选人的去留，取决于同一个特质——韧性。

更有韧性的士兵更有可能在陆军特种作战部队的选拔课程中坚持下来，更有韧性的销售人员也更有可能在遇到困难时坚持到底。[4] 研究人员得出结论：**与智力、天赋、个性及工作经验等其他因素相比，韧性更能影响员工的去留。**

那么，何谓韧性？韧性是一种“遇到困难继续努力，不达目的誓不放弃”的特质。科学研究表明，较强的韧性往往与较高的个人成就和职业成就之间有着明显的相关性。不仅如此，这种特质似乎本身就能促使人们取得成就。实现任何目标所需的时间可能比你预期的要长，需要你坚持不懈地克服困难，应对挫折。韧性较强的人更有可能坚持到底不放弃。因此，是否拥有这种坚韧不拔的品质往往决定了人们能否实现其目标。

早在 1892 年，英国科学家弗朗西斯·高尔顿（Francis Galton）爵士对成功人士的生活经历展开研究时，就发现他们每个人都表现出了“能力、热情与持之以恒”。[5] 此后，行为科学家们开展的大量研究，不仅证实了高尔顿的观点，还在细节上进行了补充。如今，研究人员一致认为，韧性这种非认知特质甚至比智商更能预测成功。[6]

为了证明这一点，研究人员开展了多项研究。其中一项研究发现：在拼写比赛中，更有韧性的参赛者会花更长时间进行更刻苦的练习，从而获得更加优异的成绩。[7] 在另一项针对高中辍学率的研究中，5 位行为科学家发现：更有韧性的学生，完成高中学业的可能性更高。[8] 韧性甚至还能预测出教师在课堂上的效率如何。[9]

成功所需的首要特质：韧性

鉴于韧性对从学业表现到留任率等多方面都有重大影响，韧性水平会严重影响员工的销售业绩、工作表现及满意程度也就不足为奇了。[10] 我也曾对数千名不同技能、不同任期、不同行业的销售人员进行过评估，这些评估一再证实，韧性是销售人员取得成功的首要特质。

科学实证所揭示的真相如下：想要获得成功，很难；如果缺乏韧性，更是难上加难。缺乏韧性的销售人员在面对失败、逆境或遇到瓶颈时，努力程度及对实现目标的兴趣都会下降。而拥有韧性的销售人员则会像参加马拉松比赛的跑步者那样，稳步朝着目标缓慢前进。他们的优势就在于这种坚韧不拔的精神。在争取理想客户时，他们不会放弃；在面对挑战时，他们会积极寻找解决方案；在任务尚未完成时，他们会坚持不懈。总之，拥有韧性的销售人员更有可能实现目标。

安杰拉·达克沃斯（Angela Duckworth）是一位研究韧性特质的顶尖专家。若想完整地探讨韧性，就必然要提及她出色的研究成果。达克沃斯不仅是麦克阿瑟奖获得者，还是宾夕法尼亚大学享誉国际的心理学教授。无论是在担任高中数学老师时的经验中，还是在自己的成就之路上，她都见证了韧性给学生、给自己带来的深刻影响。[11] 此后，她便将自己的职业生涯奉献给了韧性研究。她提出的两个简明公式，从根本上揭示了韧性对个人表现的积极影响：[12]

公式 1：天赋 x 韧性 = 技能

公式 2：技能 x 韧性 = 成就

上述公式表明：天赋和技能固然重要，但对于成就而言，韧性更为重要。事实上，韧性具备双重权重。**韧性能激励人们长期保持努力状态，而这正是实现长期目标的关键所在。**

韧性的两大要素：坚持和心流

你想知道自己的韧性水平吗？正如第 1 章所述，你可以提升成就心态和成长心态，也同样可以提高自己的韧性水平。首先，你不妨通过下面的评估来确定自己目前的韧性水平。该评估表的设计灵感源自安杰拉·达克沃斯和帕特里克·奎因（Patrick Quinn）在《人格评估杂志》（*Journal of Personality Assessment*）上提出的“韧性测评”。[13]

阅读以下陈述，根据自身情况作答。

1. **我经常会树立目标，但后来会对目标失去兴趣，转而追求其他东西。**

   A. 完全同意　B. 部分同意　C. 完全不同意

2. **当我试图实现某个重要的商业目标时，挫折不会令我气馁。**

   A. 完全同意　B. 部分同意　C. 完全不同意

3. **我常常在刚开始时有足够的动力去采取积极行动，但要不了多久就会失去兴趣。**

   A. 完全同意　B. 部分同意　C. 完全不同意

4. **我会不断想办法鞭策自己，去实现销售或业务目标。**

   A. 完全同意　B. 部分同意　C. 完全不同意

5. **我很难长时间坚持某个销售目标。**

   A. 完全同意　B. 部分同意　C. 完全不同意

6. **我能够保持动力实现目标，即使所需时间比预期的要长。**

   A. 完全同意　B. 部分同意　C. 完全不同意

7. **我很容易从当前目标中分心。**

   A. 完全同意　B. 部分同意　C. 完全不同意

8．我经常没过多久就对自己设定的目标失去兴趣。

A. 完全同意　B. 部分同意　C. 完全不同意

9．一旦决定着手某个项目，我通常会坚持到完成为止。

A. 完全同意　B. 部分同意　C. 完全不同意

10．在追求宏大目标的过程中我不会因面临挑战而轻言放弃。

A. 完全同意　B. 部分同意　C. 完全不同意

你的答案是倾向于同一个选项，还是各不相同？

现在，请将这 10 道题分为两组：第 2、4、6、9、10 题为一组，第 1、3、5、7、8 题为一组。A 选项计 1 分，B 选项计 2 分，C 选项计 3 分。将你所选选项对应的分值相加，就能评估出你目前的韧性水平。在前一组题目中，得分越低，就表明韧性越强；在后一组题目中，得分越低，则表明韧性越弱。请记住，我们对这一重要特质的探索才刚刚开始。在本章的后续部分中，我将分享一些有科学依据的方法，帮助你提升韧性。因此，无论你对自己目前的韧性水平是否满意，只要将本章所讲述的策略运用到职场和生活中去，你的韧性水平就会得到提升。

韧性有两大要素：坚持和心流。你可能已经意识到了，上文中的“韧性评估”正是在针对这两大要素进行评估。第 1、3、5、7、8 题旨在帮你确定自己的热情程度，而第 2、4、6、9、10 题则是在衡量你的坚持水平。现在，我们不妨深入探讨一下为什么这两大要素都很关键，以及你应如何从这两个维度来提升韧性水平，从而提高获得更大成功的可能性。

坚持不懈的 3 大策略

“棉花糖实验”是 20 世纪最著名的行为科学研究之一，该实验由斯坦福大学社会科学家沃尔特·米歇尔（Walter Mischel）主导。[14] 研究人员将一颗棉花糖放在 3 ～ 5 岁的儿童面前，告诉他们，他们可以马上吃掉这颗棉花糖，但如果能等上一会儿，就能得到第二颗棉花糖和这颗一起享用。很多儿童经不住诱惑，马上就把棉花糖吃掉了。但也有一些儿童为了得到第二颗棉花糖能够耐心等待，他们通过玩手、闭眼或唱歌来分散注意力。

实验结束后，米歇尔注意到，那些能够延迟满足并等待第二颗棉花糖的儿童在学校的表现更好。在好奇心的驱使下，他开始追踪这些儿童在青少年时期及大学期间的表现。数据显示，那些在幼童时期能够管控冲动的孩子，长大后学业表现更优异，身体更健康，甚至在 SAT 考试中得分更高。令人难以置信的是，这种趋势会一直持续到成年。与那些没能抵制住第一颗棉花糖诱惑的人相比，那些在儿童时代就表现出自制力的人往往赚得更多，能更有效地追求目标，而且通常更加快乐。在最初研究发表 42 年后，米歇尔总结道：“学龄前儿童尝试以何种方式延迟满足，以及他们是否成功抵制住即时满足的诱惑，都出乎意料地预示了他们未来的生活。”[15]

大多数有价值的目标都需要人们付出牺牲、努力和耐心。这意味着即使遭遇困难，也要盯住目标，坚持不懈。无论对于儿童还是成人来说，这都并非易事。[16] 米歇尔及许多其他研究人员都已经证实，延迟满足和坚持不懈与成功息息相关。那么，这些品质在销售领域有多重要呢？[17] 在迄今为止规模最大的销售业绩分析中，研究人员考察了 268 项不同研究，对来自 4 317 家不同企业的 79 747 名销售人员进行了评估。[18] 他们发现，销售业绩的最关键预测因素之一是韧性驱动下的，对不懈努力、持续精进的高度投入。40 多年以来的销售研究已经证实，能否保持长期努力是影响业绩的主要因素。[19] 原因在于人们在遭遇销售困境、拒绝、交易告吹及其他任何挫折时，往往会产生很多消极情绪。若想坚持下去，就不能做这些情绪的奴隶。这种自我调节能力非同小可。它能让你永不放弃，永不妥协，在充满挑战的环境中依然能够坚持下去。[20] 它也能让你灵活应对任何环境。[21]

延迟满足不仅是韧性的关键要素，还是诚信的重要基石。在一项启发性研究中，社会科学家观察到：人们能够为实现目标做到延迟满足，往往意味着他们的诚信度很高，即他们能够做到言行一致。[22] 试想一下，如果你能坚守心中正确的信念，那么你很可能在生活的方方面面都不会轻易妥协。因此，韧性不仅是一种能帮助你提升销售额的特质，也是真正的、持久的成功必不可少的特质。

能够做到延迟满足和坚持不懈是高效能人士的标志。任何人都可以通过练习来掌握这些能力。接下来，我将介绍 3 种策略帮助你增强韧性，实现目标。

策略 1：谨记“要想获得成功，必先付出代价”

我曾与许多销售团队、销售经理和企业领导者合作过，帮他们以更科学的方式行事，从而提高销售额。我发现，如果他们越早接受一个理念，他们就越能拥有顽强的韧性。该理念就是：“成功必然要付出代价，而且是代价在前，成功在后。”也就是说，你必须先付出努力，不断实践，做出牺牲，才有可能创造你所追求的成功，获得你想要的结果。毕竟，如果目标很容易实现，你肯定早就已经实现它了。

抱着“代价在前，成功在后”的态度，你会以提升绩效表现和成果为导向行事，而不会纠结于自己短期内做了哪些牺牲。以下两种观点将帮你培养并保持这种心态，助你渡过成功路上的重重难关：

- 迎接挑战。虽然从理论上讲，我们都知道，伟大的成就通常来自艰苦奋斗。然而现实却是在艰苦奋斗的过程中，人们常常会丧失积极性，选择放弃。在达成目标的道路上，你需要坚持不懈地克服障碍的原因在于它将使你脱颖而出。你不妨这样想：成功的周围有一堵墙，大多数人在看到这堵墙时就放弃了尝试。然而，只要通过良好的训练、持续的付出及大量的努力，我们完全可以翻越这堵墙。因此，要勇于迎接挑战。因为正是这些挑战，才体现出了成功的价值。
- 谨记痛苦是暂时的。多年前，我创办起自己的销售培训公司，开始了长达数年的大规模研究，以期通过科学来改善销售过程。每当我感到备受打击、沮丧气馁时，我都会想起我的叔叔保罗常说的一句话：“这只是暂时的。”这句话给了我莫大的力量。它提醒着我，我所经历的种种挣扎终将过去。它激发了我的动力，使我能够继续为实现目标而奋斗。愿保罗叔叔的话也能成为你的动力之源，激励你不断前行。记住，痛苦只是暂时的，所以不要放弃。

策略 2：要有“强有力的理由”

在探索“行动理由对人们能否实现目标有何影响”时，7 位研究人员认识到：人们坚持到底的一个秘诀是有明确的理由。他们经过实验发现，动机能够预测人们的坚持程度和投入程度，并对目标最终能否得以实现产生明显的影响。他们甚至在研究报告的标题中点明了这一结论——《行路艰难时：目标追寻之“为何”方显重要》。[23]

拥有强有力的理由至关重要，因为任何大事业都会遇到巨大的障碍。不用科学家告诉你，你也知道克服这些障碍绝非易事。有时，你难免会想要放弃，而是否拥有激励你继续前进的理由，将决定你会选择放弃还是坚持。

回想当年创办公司时，有几个重要的理由一直支撑着我前进。首先，我坚信科学能够给出“如何提升销售行业的整体水平”的答案。科学提供了清晰的见解，使我们能够认识到大脑如何受外界影响并形成购买决策，从而将销售工作建立在这种认知之上。我认为，这将提升销售行业的整体水平。其次，我相信销售培训不仅能够改变销售人员的行为，还能改变他们的内在。销售培训为销售人员提供了新的思维方式、知识和技能，能帮他们改善自身生活质量，更好地服务他人。最后，我对销售培训充满热情。我发自内心地享受为销售人员做培训的过程，而且热衷于探索如何更好地将科学应用于销售。这些理由使我得以在艰难的创业初期坚持下来，也使公司得以发展成如今欣欣向荣的样子。

你呢？你想要实现的主要目标背后又有哪些理由？实现这些目标会让你的生活和事业有哪些提升？又会在哪些方面给他人带来积极的影响？是否能让你远离所厌之事，接近所爱之事？想清楚这些问题，能使你在陷入困境时保持专注，从而更有可能坚持到底。

我们不妨暂停一下，想一想你的目标和理由。请写下你的两个主要目标，并为每个目标列出三个理由。请记住，你的理由越充分，你实现目标的可能性就越大。

目标 1：________________________________

为什么实现该目标对你来说很重要？

理由 1：________________________________

理由 2：________________________________

理由 3：________________________________

目标 2：________________________________

为什么实现该目标对你来说很重要？

理由 1：________________________________

理由 2：________________________________

理由 3：________________________________

这是一个很有用的练习。在下一章中，我们深入探讨目标及如何通过有科学依据的方法实现目标时，我们还将回顾该练习。

策略 3：拒绝“退而求其次”

实现目标最大的障碍是什么？答案是退而求其次。**大多数人无法实现理想生活，往往不是由于难以克服的障碍，而是他们主动选择退而求其次，接受了一个不完美的替代方案。**吉姆·柯林斯（Jim Collins）在其畅销书《从优秀到卓越》（*Good to Great*）中对此进行了总结：“优秀是卓越的敌人。这正是卓越在这个世界上如此罕见的重要原因之一……很少人能铸就伟大的人生，这主要是因为人们往往会轻易妥协于不错的生活。”[24]

当你勇往直前，越来越接近自己的目标时，你会面临一个两难的抉择：是继续向终点迈进，还是停下脚步，满足于已经取得的成就？你的选择自然就决定了你能否实现目标。坚持到底才是韧性的核心所在。拥有韧性的人既不会因为目标具有挑战性而放弃，也不会因为已经获得了不错的成就而停止脚步。他们能够坚持不懈地追求目标，不理会任何能让他们偏离航向的诱惑。

拒绝妥协不仅能提升自己的生活质量，还能提升他人的生活质量。1975 年 3 月 24 日，传奇拳王穆罕默德·阿里（Muhammad Ali）——当时的世界重量级拳击卫冕冠军，对战职业拳手查克·韦普纳（Chuck Wepner）。在许多人看来，此次比赛堪称奇迹。韦普纳不仅坚持到了最后一回合，而且直到最后几秒才被击倒。韦普纳的表现令许多人深受震撼，其中包括一位名不见经传的年轻演员。在目睹了这场比赛后，这位心潮澎湃的年轻演员一回到公寓便开始疯狂写剧本。随后，他把剧本给制片人看时，有两位制片人想买下剧本并拍成电影。然而，制片人并不想让这位没名气的演员担任主演，而想让一位大牌明星担任主演。但这位年轻的演员始终坚持，如果他无法担任主演，那他就不卖剧本。制片人希望通过高额报价来让他改口。经过一次又一次的上调之后，最终报价高达 36 万美元。虽然给一位没有名气的编剧开出这种报价在当时前所未闻，但此举仍未能奏效。[25]

最终，制片人妥协了，他们答应了这位演员出演男主角的要求。作为交换条件，这位演员也接受了剧本报酬的大幅削减，以及电影制作的微薄预算。随后，电影《洛奇》（*Rocky*）一炮而红，获得了 1977 年奥斯卡最佳影片奖，并成为有史以来最经典的电影之一。[26] 更重要的是，这部电影开启了西尔维斯特·史泰龙（Sylvester Stallone）的演艺生涯。这一切都得益于他拥有足够强大的韧性，在逐梦路上不断跨越障碍，永不妥协。

在你的逐梦路上，你或许无须拒绝电影合约，但很可能需要拒绝其他诱惑。当你受到诱惑，想要退而求其次时，你该如何行事？接下来，我将介绍3种方法，帮你抵制住“将就”的冲动。

- 对目标做出承诺。承诺很重要，因为它们会对你将来的行为产生影响。科学证实，是否对目标做出承诺，深刻影响着目标能否达成。一项研究发现，如果没有坚定的承诺，人们往往很难坚持去实现某个目标，也不太可能为之付出必要的努力。[27]

  你不妨在此暂停片刻，细想一下你的某个目标。想一想你会为了实现该目标而放弃什么，以此来评估你的决心。如果你不太愿意为目标做出牺牲，那就意味着你完成目标的决心并不强。而如果你愿意为了实现目标做出巨大的牺牲（如牺牲自由时间、放弃爱好或娱乐），那就表明你有着坚定的决心。

- 问清自己是否会后悔。加强决心的有效方法之一就是扪心自问：“如果选择妥协的话，我会后悔吗？”这个问题能够帮你理清如果现在放弃，你会有什么感受。我的许多客户都意识到此类问题能够鼓励他们继续前进，坚持到底。前文中史泰龙的故事可能会让你不禁感叹：他是如何抵制住制片人的重金诱惑的呢？史泰龙曾对此给出过解释。他在那一刻自问，如果《洛奇》一炮而红，主演却不是自己，那么，他会做何感想。他认为自己无法接受这种情况的发生。正是这种认识，给了他坚定的立场。[28] 你呢？当你取得进展时，你会想要停下脚步，想要选择“将就”。此时，你不妨好好想想，如果满足于现状，会给自己留下怎样的遗憾。如此一来，你便能抵制住这种冲动，继续努力奋斗。

- 聚焦下一步行动。放弃目标通常不是一瞬间发生的事。你本应将精力集中于如何朝着目标迈进，但你可能发现自己一直在想“退而求其次是不是一个不错的选择”。随着时间的推移，此类想法会削弱你的决心，使你偏离正轨。既然你已经知道了自己偏离目标的原因，那你想必也就知道了可以采取哪些措施来使自己保持动力。不妨将精力集中于下一步行动上，不要去想“还是退而求其次来得更容易些”。例如，一想到达成某个巨大的目标所需付出的努力，你可能会觉得难以接受，会感到气馁。但如果你将精力集中于现在能做的，能让你一步一个脚印地接近目标的具体事件上，那么你就更有可能付诸行动，哪怕是很小的行动。积跬步以至千里，随着你取得的进步越来越大，你前进的动力也会越来越强。

毋庸置疑，坚持不懈既是韧性的重要组成部分，也是销售成功的基石。此外，我们还需探索韧性的另一个重要组成部分——心流。接下来，你将了解到如何通过释放热情来增强韧性，使自己处于最佳状态，从而达到前所未有的高度。

频繁进入心流状态的 3 大策略

实话实说，如果你对自己的事业没有热情，那就很难取得成功。如果你对销售没有热情，虽然你完全可以以此谋生，但很难成为销售冠军。何故？因为销售不仅具有挑战性，而且会时常给你带来压力。在你得到“肯定”之前，你往往需要经历很多“否定”，这可能会令你感到泄气，从而失去积极性。此外，你还要面临持续不断的业绩压力，诸如开展业务、超越竞争对手、超额完成任务等。想要创造并维持高水平的业绩，就必须付出大量时间、心血和努力。

总而言之，如果你对销售工作及你所销售的产品或服务缺乏热情，你就会不断受其他事物诱惑，从而将注意力转向你更感兴趣的事物上。如此一来，你在销售领域自我提升的动力就会大大受限。

热情不仅是韧性的重要组成部分，而且已被证实能够提高取得成功的可能性。对于销售而言，尤为如此。行为科学家发现：**要想在技能型职业中取得成功，仅靠金钱驱动是不够的，还必须对这份职业本身怀有巨大的热情。**[29]

换言之，在职业生涯中究竟应追求金钱还是追逐热爱，科学已经给出了明确的答案：通过追逐热爱，你才更有可能取得成功，并获得丰厚的经济回报。空口无凭，让我们以证据说话。当行为科学家评估影响销售业绩的具体因素时，他们发现，“热衷于销售事业”是获得成功的一个主要驱动力。[30]

一项对长达 60 年的研究文献进行的元分析得出了相同的结论：当人们对工作充满热情时，他们的业绩往往会更好。[31] 另一项对 26 年来与高绩效销售人员相关的研究文献进行的元分析，也发现了同样的现象：那些对销售充满热情的人更有可能晋升到高层岗位上。[32]

精准成交的实践　SELL MORE WITH SCIENCE

充满热情才会成为最佳选择

想象一下，你的一位家庭成员需要接受一次高风险手术来挽救生命。由于手术十分棘手，主治医生的技术如何将直接决定手术成功与否。现在，你有两位医生可选。第一位医生并不热衷于这份职业，也很少主动去思考如何更好地服务患者。当他做手术时，他总是想着还有多久才能结束去打高尔夫球。他从事医生这份职业只是为了养家糊口和支付每年的高尔夫旅行费用，打高尔夫球才是他真正的热情所在。第二位医生则是发自内心地热爱着这份职业，她认为从事这份职业是一种服务他人的极佳方式。因此，她一直在努力拓宽知识，提升能力。她不仅会研究医学界的最新突破，还会参加顶级会议，努力寻找创造更佳疗效和提供更好服务的方法。毋庸置疑，你会意识到第二位医生才是最佳选择，因为她的热情激发的行为使她更有可能成功地完成手术。

我们的大脑会自然而然地关注我们所热爱的事物，这不足为奇。可想而知，如果某人对某件事情充满热情，那么他将更有可能投入大量的时间和精力来发展自己在该领域的能力。正因如此，从人际关系、业余爱好到工作和事业，我们生活的方方面面无一不受热情影响。如果你对销售工作很感兴趣，那么你就更有可能成为一名卓越的销售人员。因为学习专业知识、提升专业技能对你而言并非一件苦差事。享受这个过程会让你更有可能坚持下去，百折不挠，直到取得成功。

我们应努力追求自己的热情之所在，还有一个最重要的原因：它能让我们的精神和情感处于巅峰状态，从而使我们发挥出最佳水平。科学家将这种状态称为“心流”。

著名心理学家米哈里·希斯赞特米哈伊（Mihaly Csikszentmihalyi）是研究心流的领军人物，他的研究成果吸引了世界领袖、商业专家和职业体育教练的关注。“心流状态”的提出让他一举成名。心流状态是指当人们沉浸在某项活动中时展现出的最佳状态。运动员通常将其形容为“无敌状态”。经常体验到心流状态的人表示，进入心流状态时，他们会完全置身于当下，全身心投入手头上的任务，并在整个过程中体验到快乐。[33]

为了探索究竟什么能让人们同时获得成功与幸福感，希斯赞特米哈伊对各行各业的人（棋手、医生、商人、音乐家、农民、舞者和艺术家等）展开了研究，在此过程中偶然发现了心流。[34] 所有研究对象都描述了同一种精神状态：当他们全情投入某项活动时，其他一切似乎都不重要了。实际上，这正是“心流”一词的由来：人们解释说，当他们完全沉浸于手头上的事情时，他们感觉到自己像是在顺流前行一般。[35] 因此，心流往往与你内心真正热爱的事情息息相关。没有人能在做自己讨厌的事情时进入心流状态。[36]

心流的迷人之处在于，由于你完全沉浸于正在做的事情中，时间似乎过得飞快。当我跟人讲述如何以科学方式开展销售活动时，就会有这种体验。我会完全沉浸在与听众的交流之中，兴奋地分享能够给他们带来帮助的理念，根本意识不到时间的流逝。你是否记得自己也曾如此全身心地投入某项活动之中，以至于 1 小时如几分钟般转瞬即逝？如果有的话，那你就经历过心流。

心流不仅能够使人体验到愉悦感，还能增强人的韧性，相应地增加获得成功的机会。在研究艺术系学生日后是否会成为专业艺术家取决于哪些因素时，希斯赞特米哈伊发现，那些对艺术充满热情，经常在作画时体验到心流的学生往往更有韧性，也更有可能在毕业后继续从事艺术职业。相比之下，那些为了潜在的名利而选择艺术职业的学生，不仅很少会在作画时体验到心流，而且往往会在遇到困难时放弃这一职业。

进入心流状态还能提升个人表现，对基于技能的表现而言，尤其如此。这就是社会心理学家丹尼尔·戈尔曼（Daniel Goleman）称心流为“掌握技能的先决条件”的原因。[37] 对一些行为而言，心流带来的提升似乎更加明显，尤其是对那些需要提升技能才可以胜任的工作影响最大，比如销售工作。[38] 这也解释了为什么与那些很难体验到心流状态的销售人员相比，经常处于心流状态的销售人员往往表现得更加出色。一项探索心流对销售结果的影响的研究发现，心流状态能够使销售人员发挥出最佳水平，从而更有可能赢得销售。[39]

更重要的是，心流不仅能够影响个人的表现，还能提升整个企业的效率。瑞典国有物流公司绿色货运（Green Cargo）就是一个典型的例子。[40] 此前，该公司的销售额一直停滞不前，甚至从 1889 年至 2003 年从未盈利，全靠政府的支持才得以生存。2003 年，新领导上任后引入了一项基于“心流”概念的员工计划。该计划旨在帮助员工更频繁地进入心流状态，以此来提高员工的士气和工作效率。经理们会定期与员工会面，为他们制定激励目标，给出有效反馈，并创设一些能使员工进入心流状态的积极挑战。仅一年后，该公司实现了 115 年来的首次盈利。

既然心流能助你释放潜能，为成功奠定基础，那你肯定想知道如何才能频繁进入心流状态。我将介绍 3 种能帮你进入心流状态的有效策略。

策略 1：寻求“使出浑身解数才能应对”的挑战

你是在工作时还是在休闲时更有可能体验到心流？你可能会惊讶地意识到，与休闲时相比，你在工作时进入心流状态的可能性要大得多。[41] 实际上，大多数人都是如此。**这是因为进入心流状态的一个关键是，你所进行的活动水平必须与你的技能水平保持平衡。**也就是说，当你必须以使出浑身解数的高水平表现来解决你所面临的任务时，你便会很容易进入心流状态。[42] 如果任务没有足够的挑战性，比如看电视或者与朋友聊天，那么你很可能会放松自己，而不会去突破自己的能力边界。反之，如果任务远远超出了你的能力范围，那么你会感到压力过大，紧张不安，这同样会使你无法进入心流状态。你不妨想一想，在哪些情形中你会遇到不得不使出浑身解数才能应对的挑战，识别并创造更多类似情形，那么你自然会更加容易、更加频繁地进入心流状态。

策略 2：打败焦虑的不是平静，而是兴奋

许多销售和商业领域的专业人士都曾坦言，心流是他们在工作中最美妙的体验之一。正如前文所述，心流能够鼓舞士气，提升动力和幸福感。然而，心流有一个主要杀手：焦虑。当你处于焦虑之中时，尤其是当你为自己的表现感到焦虑时，你将很难进入心流状态。

当你即将迎来某场互动或演讲时，为此感到焦虑乃人之常情。你的焦虑可能意味着你尚未准备好或没有足够的信心去面对即将发生的事。因此，你完全可以通过练习来让自己达到最佳表现。你既可以与同事或经理一起练习，也可以自己单独练习。职业生涯的早期，为了让自己更好地适应演讲，我常常对着镜子反复练习。即便是现在，有着数千次销售拜访和

培训经历之后，我也仍在坚持练习。何故？因为我想做足准备，使自己快速进入心流状态，发挥出最佳水平。在有效练习中，你能够尝试新方法，犯错，得到及时反馈，调整，然后再次尝试。因此，如果你对任何活动感到紧张不安，务必提前练习。你会发现，练习会减轻你的焦虑，增强你的信心，让你以更好的状态迎接挑战。[43]

你还可以通过重新思考自己的反应来平复紧张情绪。**在面对恐惧时，否认或者过度纠结都会适得其反，你需要做的是重塑恐惧。**[44] 来自哈佛商学院的艾莉森・伍德・布鲁克斯（Alison Wood Brooks）发现，当人们对即将到来的演讲感到忐忑不安时，大多数人会本能地试图让自己平静下来，但此举很少奏效。通过告诉自己“我很兴奋”或者“兴奋起来吧”来重塑焦虑，反而要有效得多。[45] 这种反直觉的策略能够减轻焦虑，提升表现。因此，今后如果再遇到类似情况，不妨大胆一试吧！

策略 3：关注行动，而非结果

在第二份销售工作的新员工培训中，我结识了保罗。保罗性格活泼开朗，然而他太想拿下订单了，总是显得急不可耐，反而让潜在买家觉得不靠谱。如果能够进入心流状态，他的技能和自信就能帮助他赢得销售，可是急于求成的心态使他很难进入心流状态。他一心只想着结果，却忽视了实现该结果所需的行动。如果我能回到当初，和保罗谈一谈，我会建议他先关注自己的心态和行为。因为只要你拥有正确的心态，采取正确的行动，结果自然会如你所愿。正如前文所述，心态影响行为，行为决定结果。

通过培养专注力，也能更快地进入心流状态。[46] 对于销售而言，这意味着你需要在整个销售过程中保持专注，将精力集中于当下。你既不会担心演讲结束时将发生什么，也不会担心能否达成销售；你会全身心沉浸在当下的环节之中，自然而然地发挥出最佳水平。那么，你应如何培养这种专注力呢？你可以这么做：每当你发现自己分心时，试着慢慢将注意力引回当前的任务。通过练习，你会发现自己能够更加自然、轻松、频繁地全身心投入当前工作之中。你还会发现，专注力的提升不仅能提高工作效率，带来更好的结果，还能让你更频繁地享受心流状态。

本章中，我们将重点放在韧性对成功的持久影响上。我们探讨了韧性的两个主要组成部分——坚持（有策略地延迟满足以获得成功）和心流（找到能使自己进入心流状态的事情）。针对这两个主要组成部分，本书分别介绍了 3 种策略，帮助你增强韧性。现在，你已经知道了如何提升心态及韧性水平。接下来，我们将深入研究一些有科学依据的秘诀，使你能够在实现目标之路上一往无前。翻开下一页，让我们开始吧！

让销售业绩翻倍的科学 SELL MORE WITH SCIENCE

- 相比于智力、天赋、个性及工作经验等因素，韧性更能影响员工的持续发展。
- 多数人无法实现理想生活，往往是由于主动妥协，而非难以逾越的障碍。
- 想在技能型职业中取得成功，仅靠金钱驱动是不够的，还必须注入热爱。
- 进入心流状态的关键是你所进行的活动水平必须与你的技能水平保持平衡。
- 在遇到障碍时，否认恐惧反而会放大恐惧，你需要做的是重塑恐惧。

SELL MORE WITH SCIENCE

第 3 章

目标，激发销售动能

科学表明，成功并非取决于才智或者运气，而是取决于设定和追求目标的方式。[1] 目标关键的原因在于，目标指导行动，行动带来结果。[2] 目标能够引导你的注意力和行动付出，从而实现特定的结果。[3] 这种对注意力和付出的引导，又会使你更有动力，从而更有可能获得成功。[4]

目标不仅决定了你的日常工作效率，还影响着你的整个职业生涯。对于销售人员来说尤为如此，他们对目标的认知和反应方式，会影响他们的行动、行为及整体销售业绩。[5]

在一项有关销售人员的工作效率的影响因素的研究中，研究人员对长达数十年的实验证据进行了元分析，并得出结论：以目标为导向的销售人员更有可能获得成功。[6] 另一项研究认为，相较于没有设定目标的销售人员，那些在谈判前已经设定出具有挑战性的明确目标的销售人员往往能够获得更高的利润。[7] 哈佛商学院高级讲师、HubSpot 公司前首席营收官马克 · 罗伯格（Mark Roberge）也同意这一观点。他在其畅销书《销售加速公式》（*The Sales Acceleration Formula*）中指出，顶级销售员都有着明确的目标，他们以此来衡量自己成功与否。[8]

达成销售目标的 7 大策略

在我刚开始从事销售工作时，虽然有人教我设定销售目标，但从来没有人解释过（或者知道）达成目标究竟取决于什么。于是，能否达成目标似乎取决于运气。但事实并非如此。1 000 多项科学研究揭示了为什么有些销售人员能够达成目标，有些销售人员却不能。想要达成目标，你可以采取一系列具体的步骤。[9]

在本章中，我将与你分享 7 种有科学依据的策略。研究证实，这些策略能从根本上提高你达成目标的可能性。仅采用其中一种策略，就能帮助你更有效地实现目标；如果采用全部 7 种策略，将产生复合效应，极大地提升你达成任何目标的能力。

策略 1：设定可执行的具体目标

你刚开始设定目标之时，往往是热情最为高涨之时。随着时间的推移，你可能会感到热情逐渐转淡。虽然你依然想要达成目标，但为之付出的努力会越来越少。许多销售人员都会遇到这个问题，这也是他们无法达成既定目标的一个重要原因。动力对于成功而言至关重要。只有动力十足，你才会采取行动，从而达成目标。[10] 如果动力不足，由目标导向的行为就会减少，达成目标的可能性便随之降低。

如果说动力至关重要，那么如何才能保持强大的动力呢？科学再次提供了答案。大量关于动力的研究表明，陈述目标的方式对动力有着极大的影响。这是由于陈述事物的方式能够影响我们的感知和反应。下面这 3 项原则可以帮你更好地实施策略 1，并让你在整个行动过程中动力十足。

原则 1：目标要具体

设定明确、具体的目标与达成目标息息相关。行为科学家埃德温·洛克（Edwin Locke）和加里·莱瑟姆（Gary Latham）对 35 年来关于目标的实验研究进行了考察，他们发现：与通用目标或敦促人们“尽最大的努力”等模糊的指导方针相比，明确、具体的目标能促使人们更加努力。[11]事实上，洛克和莱瑟姆还发现：单凭“尽最大的努力”，人们很少能做到全力以赴。他们认为其原因在于，这一指导方针没有外部参照点，因此，人们并不清楚怎样才算达成目标。[12]

设定目标有助于确定达成目标所需的行动。**相较于模棱两可的目标，详细的目标更能敦促你行动。**例如，相较于“我将提升自己的销售演示水平”，“我将在本周花 4 小时分析自己的销售演示，并至少确定 3 处我能够做出改进的地方”要有效得多。

细节确定了需要完成的任务及相应的行动，因此更具激励作用。正如我们在探讨韧性时所说，设定具体目标的另一个好处在于，这些目标明确界定了你想要实现什么，从而降低了你中途放弃或者退而求其次的可能性。

原则 2：聚焦于学习和提升

以学习为目标往往有助于提升业绩，在销售领域就是这样的。任何时候，只要你聚焦于提升，你就是在发挥成长心态的力量。正如我们在第 1 章中所述，在追求目标的过程中，失败和挑战不可避免，但成长心态能够让你更有效地解读与应对它们。[13]此外，通过聚焦于自身技能的提升，你的业绩自然而然也会提升。[14]

我们不妨来看几个例子。在一项研究中，行为科学家唐·范德瓦尔（Don VandeWalle）、史蒂文·布朗（Steven Brown）和威廉·克龙（William Cron）对 153 名负责销售 2 000 多种不同医疗用品和设备的销售人员进行了观察研究。[15] 他们发现，相较于那些以“通过展示自身能力来获得他人认可”为目标的销售人员，以“学习新技能或提升现有技能”为目标的销售人员业绩更好。实际上，越重视学习和提升，销售业绩就越好。

另一项研究也得出了类似的结论。[16] **那些以学习为导向的销售人员不仅工作效率更高，而且销售业绩远超那些试图通过业绩获得认可的销售人员。**结论显而易见：提升知识和技能，你就更有可能获得你想要的成功。

你不妨思考清楚自己的目标并扪心自问：这些目标是围绕着提升你的技能水平和专业知识而制定的吗？如果不是，那么如何调整才能使之更聚焦于学习？请记住，销售业绩取决于你的销售方式，这也正是以能力提升为目标总能带来最大的成效和最佳的结果的原因。

原则 3：用科学方式陈述目标

以积极的方式设定目标既能提升业绩，又能提高达成目标的可能性。对此，你可能并不觉得意外。一项研究发现，相较于以消极的方式来陈述一项任务（如“在下列 15 道字谜中，尽量不要不答或错答 3 道以上”），以积极的方式来陈述一项任务时（如“在下列 15 道字谜中，尽量答出 12 道以上”），参与者的成功率要更高。[17]

但是否存在某些情况，以消极方式陈述的目标反而能助你提升业绩，达成目标呢？答案是肯定的。在某些情况下，它能够使你认识到自己在追求目标的过程中缺乏进展，从而促使你更加努力。[18] **究竟应该采取积极还**

是消极的方式陈述目标，取决于你离目标达成还有多远。以积极方式陈述的目标能够让你更愿意投入其中，因此，当你尚处于追求目标的起步阶段时，或者当目标属于你不擅长的领域时，请牢记这一点。[19] 当你已经有了不小的进展，甚至接近终点线时，或者当你在目标所属领域有着丰富的经验，仅需最后一点儿刺激就能达成所愿时，以消极方式陈述的目标反而会更加有效。[20]

例如，假设你想每天打 50 个电话给现有客户，用于加强联系，寻找追加销售的机会。当你设定目标时，应以积极的方式去设定——“今天下午5点之前，我要打50个电话给现有客户。”当你打完35个左右的电话时，你会感觉到自己有些动力不足了，此时，你应以消极方式重新设定目标，让自己获得更多动力以坚持到最后——“我已经打完 35 个电话，只剩 15 个了，不能停，坚持就是胜利。”

或者，试想一下你刚加入一个新团队。也许你最开始的目标是“在未来 3 个月内，学会如何介绍新的销售流程，并详细了解产品出售流程”。这种积极的表述能够让你拥有一个良好的开端。不仅如此，该目标还十分具体，且聚焦于学习。然而，到第 3 个月时，你已经在追求目标的道路上付出了很多心血，你就可以将目标调整为“我已经为实现这一目标投入了 2 个月的时间。为了避免前功尽弃，我需要在最后 4 周再投入 20 小时来完成销售流程的学习，提升自己向客户展示我们的数字平台所具价值的能力”。如此一来，你便能够更好地激励自己坚持到底。

现在，你已经知道了该如何设定有吸引力的目标。接下来，我们来看看第二个策略，了解如何全身心投入以实现目标。

策略 2：公开承诺，增强目标黏性

综观有关目标的科学研究，我们不难发现：做出承诺与达成目标息息相关。[21] 换言之，对目标的执着程度将直接影响到你能否达成目标。正如我们在上一章中探讨“坚持不懈”时所述，对目标的承诺至关重要。当你追求的目标极具挑战性，需要你为之付出大量持久的努力时，更是如此。[22] 如果没有坚定的承诺，你很难坚持下来。[23] 行为科学家默里·巴里克（Murray Barrick）、迈克尔·芒特（Michael Mount）和朱迪·施特劳斯（Judy Strauss）在对 91 名销售人员展开跟踪研究时发现，那些对目标做出坚定承诺的销售人员，业绩水平远超其同事。[24]

影响目标承诺的因素有很多，其中包括本书第 1 章中提及的成就心态。[25] 请记住，那些拥有健康成就心态的人，往往更有信心设定高难度、高价值的目标，也更能给出坚定的承诺，全力以赴。[26] 反之亦然。如果你不相信自己能够实现某个较大的销售目标，你自然就无法做出坚定的承诺，那么你实现该目标的可能性就很低。

以成就心态对待目标，只是帮助你坚持下去的方法之一。除此之外，还有两种方法：

方法 1：将目标告诉对的人

有一种简单而有效的方法可以坚定自己对目标的承诺——将目标告诉其他人，让他们敦促你。[27] 研究表明，这种做法之所以有效，是因为它将追求目标转变成了关乎个人和公共信誉的问题。[28]

也就是说，你将目标告诉了谁，同样能够在很大程度上决定你能否取得成功。也有的时候，告诉他人并不能坚定你对目标的承诺。一篇于 2020 年发表在《应用心理学杂志》（*Journal of Applied Psychology*）上的研究表明，能否实现目标的决定因素在于你如何看待自己所告诉的人。[29] 如果你既不重视他们的意见，也不在乎他们如何看待你，那么将目标告诉他们毫无作用。**你只有将目标告诉那些自己在乎的人，才能增加前进的动力。**

方法 2：选择真实目标

设定目标是一件私人化的事情。每设定一个目标，你都是在决定自己想成为何种人，想达到何种目的，想创造何种生活。真实目标之所以能够促使你全身心投入，是因为它们与你憧憬的未来一致。[30] 社会心理学家曾对 800 名参与者展开研究，看哪些因素会影响人们达成目标。[31] 他们发现，当目标能使人们更贴近理想生活时，人们才更有可能全身心投入并最终达成目标。

反之亦然。**如果达成某个目标并不能使你更贴近自己真实的渴望，那么你将很难做到全力以赴。**只有当你的目标高度与你想要成为的人及你想要创造的未来等愿景一致时，你才会主动舍弃短期的安逸，努力去达成目标，从而获得长期的满足。

即便在销售领域，目标的真实性也十分重要。人们通常认为“挣钱”是销售人员的主要动力。事实上，虽然金钱确实能够使你更加投入，但金钱带来的动力远不如真实目标带来的动力大。正如商业专家戴维·迈耶（David Mayer）和赫伯特·格林伯格（Herbert Greenberg）在《哈佛商业评论》上发表的一篇广受赞誉的文章总结的那样：顶级销售人员不仅以挣钱为目标，还以提升自我形象为目标。[32] 换言之，通过销售来服务他人能让他们更加接近自己想要成为的人，达成自己想要达到的目的，这便是他们销售的动力。他们之所以加倍努力，并不单是为了挣钱，更因为销售本身就是他们身份和目标的一部分。

接下来，让我们做个练习。做完练习后，你或许会更加坚定现有目标，也或许会认识到现有目标与你真正的愿景并不一致。如果是后者，那么你可以重新设定目标，使之更加贴近你的真实愿景。

写下一个目标：

____

目标与你想要成为的人是否一致？（是□ 否□ 部分□）
给出解释：

____

目标与你想要的结果是否一致？（是□ 否□ 部分□）
给出解释：

____

目标与你想要创造的生活是否一致？（是□ 否□ 部分□）
给出解释：

____

今后设定目标时，你可以通过上述练习来确保目标的真实性，从而激励自己为实现目标持久努力。如果你设定了某个目标，付出大量心血和汗水并终于实现目标后，却发现所得非所愿，那么你定会感到无比失望。最糟糕的感觉莫过于此了。上述策略将帮你避免这种情况的发生。

接下来，让我们来探讨一种克服成功之路上种种障碍的有效方法。

策略 3：心理对照，激发内在动力

积极乐观的想法究竟是否有助于达成目标呢？与许多励志书上的说法相反，答案并不总是肯定的。**在某些情况下，积极乐观的想法反而不利于达成目标。**[33] 诸如“敢想敢信，必能实现”等过于乐观的心态，根本无法鼓励人们为实现目标付出行动。[34] 相反，它会使你产生一种虚假自信，低估达成目标需要克服的障碍。[35]

既然乐观的想法并不能帮助我们实现目标，那么何种思考方式能够做到呢？答案就是“心理对照”。心理对照是一种十分有效的策略，它可以帮你认清现状与理想目标之间的差距，促使你进一步思考如何弥补这一差距。心理对照过程由 4 部分组成：设定目标、想象实现目标后的情景、找出潜在障碍及为克服障碍制订计划。研究人员已经证实心理对照法的有效性，无论你的目标是减肥、戒烟、提高学习成绩、提升沟通技巧、找到工作、提高销售业绩，还是其他完全不同的目标。[36] 心理对照法还能加强你对目标的承诺。正如前文所述，只有做出坚定的承诺，才更有可能实现目标。因为心理对照能鼓励人们思考如何实现目标，这自然强化了他们对目标的承诺。[37]

心理对照法不仅能增强动力和韧性，提升精力，还能增强抗挫力。[38]此外，它能引导你思考前进路上可能遇到的种种挑战并做好充分准备。如此一来，当你真正遇到这些挑战时，你就能胸有成竹地应对并克服它们。[39]

心理对照法的 4 步流程

如何采用心理对照法来帮我们更好地实现目标呢？社会学家加布里埃尔·厄廷根（Gabriele Oettingen）在其前沿研究成果中给出了以下 4 步流程：[40]

第 1 步：设定想要实现的目标。

第 2 步：想象实现目标后的情景。

第 3 步：找出可能会遇到的所有障碍。

第 4 步：为克服每个障碍制订计划。

请注意，这些步骤的先后顺序十分关键。如果你反过来做（即“反向对照”），先关注障碍，再关注目标，[41]那么效果将会大打折扣。[42]

接下来，我将举例说明心理对照法是如何运作的。金是一名销售员，此前一直不太擅长拓展新业务。学习心理对照法之后，她设定了一个新目标：未来 3 个月里，每天花 1 小时接触潜在客户（第 1 步）。接着，她设想稳定的客户流将如何助力其职业的长期发展，并为她赢得绩效奖金——她打算用这笔钱作为首付款买辆新车（第 2 步）。当金思考在实现目标的过程中可能会遇到哪些障碍时，她发现自己每天都忙于维护现有客户，完成管理任务，往往要忙到很晚才会想起要接触新客户（第 3 步）。为解决这个问题，她计划以后每天都将接触潜在客户作为当天的第一项任务。她还发现了第二个障碍——她在工作时经常会受到同事和经理的打扰，他们会来找她提供报告，找她帮忙，甚至找她闲聊。为了避免此类事情，金在共享日历上创建了预约时间表，以此来告知其他人，每天上班的第一个小时是她拓展新业务的时间，她在这个时段无暇顾及其他事情（第 4 步）。通过采用心理对照法，金得以设计出一套系统，最终达成了她心心念念的目标。

既然你已经了解了心理对照法的具体步骤，那就赶紧通过下面的练习用起来吧！早采用，早受益。选个目标，用这四步流程来提升你实现目标的能力吧！

设定目标：

____

想象结果：

____

找出障碍：

____

制订计划：

____

下个策略将向你展示如何采取必要行动促使自己勇往直前。实际上，我本人正是采用该策略达成了一个重要的目标。

策略 4：将目标可视化，提高专注力

几年前，我花大价钱买了一辆车。此后，无论走到哪里，我都会注意到与那辆车型号相同的车。我觉得这很奇怪，因为在买车之前，我很少看到有人开这款车。买车之后，我却发现到处都是开这款车的人。或许，你也有过类似经历。那么，这究竟是怎么回事呢？

答案就藏在我们人类大脑的奇妙运作之中。我们的大脑虽然只有大约1.36千克重，却有着数百亿个神经元和数十万亿个突触，能够完成各种各样的非凡之举。[43] 尽管如此，我们的大脑也存在一个很大的局限：注意力。[44] 正如神经科学家丹尼尔·列维廷（Daniel Levitin）所述："关注一件事，往往意味着无法关注其他事。注意力是一种容量有限的资源。"[45] 当然，你完全可以将注意力同时放在几件对认知要求不高的事情上。[46] 但如果你面对的任务较为艰巨，那么你将很难在全神贯注处理任务的同时，兼顾其他事情。[47] 换言之，你既可以潜心思考刚刚阅读的书籍，也可以细细回味上一餐的美食，但你无法同时做这两件事。[48]

即便受限于注意力，我们大脑的运作效能依然十分惊人。这是由于大脑能够过滤掉我们接触到的大部分刺激，从而使我们将注意力集中到对我们而言最为关键的事物上。[49] 我之所以在买车后，走到哪里都能发现同款车，原因就在这里。买车之前，我的大脑自动过滤掉了我在路上看到的各款车，因为这些信息与我无关。然而，自从我决定买车并确定某款车型后，我的大脑就开始主动捕捉相关的信息。

理解大脑如何决定关注或不关注哪些信息的科学原理至关重要，因为它揭示了你该如何取得成功。**当你设定明确的目标并做出坚定的承诺后，你才能在接收到与目标相关的信息时迅速做出反应。**这是因为你在不断告

诉大脑：这些目标对你而言十分重要。许多人发现，当他们开始每天思考目标时，就不断发现实现目标的新方法。虽然这些新方法可能一直都在他们眼前，但他们视而不见，因为这些信息被大脑过滤掉了。一旦他们的大脑意识到了这些信息的重要性，就会提醒他们去注意。

更令人惊叹的是，持续专注于目标还能通过建立与目标相关的突触连接来重塑大脑。这些新的神经连接将大幅提升你完成目标的能力，因为它们不仅能使大脑有效地思考如何实现目标，甚至还能提升你在执行与目标相关的任务时的表现。[50] 因此，每天都花时间专注于目标不仅仅“是一种不错的做法”。事实上，这种做法对实现目标至关重要。

你每天都可以通过以下 3 个方法，将注意力集中在你渴望实现的目标上。

方法 1：写下你的目标

社会科学家迪莉娅·乔菲（Delia Cioffi）和兰迪·加纳（Randy Garner）在进行一项实验时发现：写下目标会加深你对目标的承诺，使你更有可能付诸行动。[51] 实验中，他们要求两组被试分别以口头承诺和书面承诺的方式答应一项请求。结果，后者履行承诺的可能性比前者高出近 2 倍。

写下目标时，你既是在对目标做出书面承诺，也是在对目标予以积极关注。[52] 用自己的语言去表述目标，这一行为本身就会促使你去思考并用能与你产生共鸣的语言建构它。此外，以简明扼要的方式表述目标也很重要。请尽量将目标精简至一句话，这将确保你的表述既明确又中肯。

写下目标并非只写一次。**只要你感觉到自己的决心因挫折或挑战而开**

始动摇，你就可以通过再次写下目标，使自己重回正轨。许多人还发现，每天早上和临睡前都写一次，对集中精力实现目标大有裨益。

方法 2：时常回顾你的目标

每天回顾目标也是一个十分有效的方法。最简单的做法就是将目标贴在显眼的地方，让自己随时都能看见。就我自己而言，我是将目标贴在浴室的镜子旁。如此一来，我就能提醒自己每天早上和晚上洗漱时都看一看它们。由于每天都能看得到，所以我能始终保持对目标的专注。我发现这种做法十分有效。如果你认为此举似乎有些极端，那你可就错了。目标是你的理想和渴望。如果保持对目标的专注能够增加实现目标的机会，那么每天花上几分钟的时间去回顾它们就是值得的。

方法 3：反思你的目标

每天结束时，你会如何评价自己当天的工作成效？我一般会问自己："今天，我离目标更近一步了吗？"你可能有时需要专注于职业目标，有时需要专注于个人抱负，还有时需要两者兼顾。无论哪种情况，你都可以在每天结束时，反思一下自己做了哪些让自己更接近目标的事情。这是一种能够强化目标导向行动的有效练习。此外，思考一下你做了什么或没做什么导致你无法取得进展，也有助于你及时做出纠正。

考量达成目标将给你和周围人的生活带来哪些改善，同样是一种有效的目标反思方式。此举将强化你对目标的承诺，增强你的动力。当你感到动力不足时，花时间反思将对你大有裨益。

策略 5：分解目标，实时获得反馈

曼纽尔是一名优秀的销售人员，但他在工作上总是感到挫败感。一年前，他加入了销售团队。在我为该销售团队提供培训后，他找到我，问我能否与他面谈一次。面谈中，他坦言他对自己感到很失望，因为他有很多未能达成的销售目标，而且无法找出症结所在。他也自豪地告诉我，他给自己定了短期目标和长期目标，并且每天都会通过写下来的方式进行回顾。为了进一步激励自己，他不仅计算出了达成目标后自己能挣得的额外提成，还计划好了自己想买的物品，甚至从杂志上剪下了这些物品的图片。尽管如此，曼纽尔一直没能取得实际进展。于是，我对他说："这些做法都挺不错的。那么，你为达成目标做了哪些计划呢？"他愣住了，不知如何作答。在那一刻，曼纽尔面临的真正问题水落石出：他在设定目标上已经做得很好了，但他还没规划出实现这些目标的行动步骤。

并非曼纽尔一人如此。我们很容易陷入这样的陷阱：设定出种种想要达成的目标，却没有采取必要的行动去实现它们。这么做自然不会带来任何实质性变化。因为单凭畅想无法实现目标；只有通过精心规划，持续行动，才能实现目标。那么，我们又应如何规划实现目标的路径呢？研究人员给我们提供了答案：专注于子目标。[53] 你可以将子目标视为大目标的基石：子目标是一些小的步骤或行动，完成这些步骤或行动将使你离大目标更近一步。这种连贯一致、循序渐进的方法正是子目标的强大之处——它们能使你一步一个脚印地向那些无法一蹴而就的终极目标不断迈进。[54]

经过行为科学研究分析，社会科学家卡尔·韦克（Karl Weick）认为，实现重大愿景的最佳方式是将大目标分解为具有可行性的子目标。[55] 子目标之所以如此有效，其中一个原因是你能轻易实现这些子目标。这将让你动力满满地朝着大目标的方向前进。

在追求子目标的过程中，你也会更加了解自己的进展情况，知道自己距离大目标还有多远。[56] 这种全新的视角既可能表现为产生新见解，也可能表现为发现意料之外的障碍，从而促使你调整战略，以更有效的方式展开工作。[57] **完成子目标并获得反馈是销售成功的关键。**因为它能让你在方法失效时灵活应对，迅速调整。

在了解了子目标后，曼纽尔开始借助它们来帮自己采取行动。

他的目标之一是将签单率提高 20%。为了实现这一目标，他设定了以下子目标并付诸行动：

- 每天至少录一次销售演示，对其进行分析，找出可以改进的地方。
- 编写 3 个故事（我们将在第 6 章中详细探讨这一点）；在产品介绍环节中，利用这些故事帮助潜在客户感知到更多的价值。
- 每周至少花 2 小时练习如何应对潜在客户的拒绝。
- 每周与销售经理会面，努力提升获得买家分阶承诺和促成签单的能力（我们将在第 4 章中详细探讨这一点）。

曼纽尔的子目标帮助他取得了真正的进展：在短短 6 个月内，他的签单率提高了 27%！

既然你已经了解了子目标的力量，那赶紧设定一些子目标吧！请先在下面写下一个大目标，再写下你能够在下个月内完成的 3 个子目标。

大目标：

____

子目标 1：

____

子目标 2：

____

子目标 3：

____

策略 6：设置“行动触发 3 问”，轻松养成习惯

对目标做出承诺并不难，难的是付诸行动。事实上，在追求目标的过程中，采取行动是我们要面临的最大障碍。想象一下，你希望通过每天早起锻炼来使自己变得更健康。做出决定的那一刻，你觉得这件事很容易办到。但第二天早晨，当闹钟比平时提前 1 小时响起时，你发现自己根本起不来。于是，你伸手按下了“稍后提醒”键，同时向自己保证明天再开始锻炼。

这是个再常见不过的问题：无论你的目标是与健康相关，还是与业务或销售相关，在追求目标的过程中，你都会遇到不想付出行动的时候。[58] 许多销售人员都曾坦言，开发新业务最难的部分就是迈出第一步——主动

联系潜在客户。虽然他们知道当务之急是与潜在客户建立起联系，但他们还是会像前文中的金那样，忍不住把这件事往后推。

有时，你可能会觉得自己根本没时间去付诸行动，因为还有一大堆其他要紧事在等着你处理。许多销售人员告诉我，他们想提升销售技能，提升对现有客户的销售额，或者最终拿下某位理想客户。虽然他们有这些想法，但他们每天都忙于应对各种紧急事项或突发状况。结果，他们离目标越来越远，也就随之变得越来越气馁。

这种感觉，我再了解不过了。多年来，我一直想写一本书来揭示哪些科学因素和心理因素能够影响和产生购买决策。然而，在开始撰写《销售的科学》时，我却举步维艰。繁重的工作、家庭责任及大量耗时的活动让我很难抽出时间写作。沮丧之余，我开始试图从科学杂志中寻找解决之道。我找到的方法大大提升了我的工作效率，使我每天都能抽出几个小时来写作，并最终完成了一本畅销书。更重要的是，我意识到这些方法能够帮助任何人提高完成目标的可能性——这最终促使我写下了本章的内容。

不需要更多的意志力，只需在环境中做出一点儿改变，你就能够挤出时间。这听起来似乎有些令人难以置信，但事实证明这种方法的确可行。大量研究表明，注意力是一种有限的资源，其作用范围存在明显的边界。**提高行动力的关键不在于要求自己更加自律，而在于为自己创造一个轻松行动的环境**。你只需在环境中设置一些提示，让你自发去做应做之事即可。[59]

这种方法就是采用“行动触发器”。你预先承诺以特定的方式对特定的情况做出反应，从而将对行为的控制权转交给了环境。[60]也就是说，“行动触发器”能够促使你自动执行有助于你实现目标的行为。研究人员称之为“执行意图”（implementation intentions）。由于“行动触发器”会使你自发做出行动决定，因此你无须高度自律便可执行这些行为。[61]社会科学家将“行动触发器”称为“即时习惯”，因为它们能产生持续且可预测的结果。[62]

在一项研究中，研究人员通过三组被试，探索了“行动触发器”和传统激励策略对锻炼频率产生的影响有何不同。第一组为对照组，该组被试没有接受任何指导；第二组被试通过阅读材料了解了大量关于锻炼的好处；第三组被试接受了关于创建“行动触发器”的指导，确定了锻炼的具体日期、时间和地点。因此，第一组和第二组被试需要自行挤时间锻炼；而第三组被试已经有了一个预先确定的锻炼计划，比如“在下班回家的路上，当我开车经过健身房时，我会进去锻炼 30 分钟”。结果，研究人员发现：第一组和第二组分别有 35% 和 38% 的被试进行了锻炼，而创建了“行动触发器”的第三组有 91% 的被试都参与了锻炼。[63]

大量文献都记载了“行动触发器”在激发目标导向行为方面的有效性，[64]无论是减少酗酒、增强服药依从性、提高选民投票率，还是增加流感疫苗接种率和结肠镜检查率等，都是如此。[65]一项元分析发现，“行动触发器”不仅能使人们更易实现目标，还能使人们免受挫折和困难的负面影响。[66]汇总了 200 多项关于“行动触发器”的研究数据后，社会心理学家海蒂·格兰特·霍尔沃森（Heidi Grant Halvorson）指出：使用“行动触发器”的人“要比其他人实现目标的可能性高出 3 倍”。[67]

对于任何目标，尤其是那些具有挑战性的目标，你都可以利用“行动触发器”来助力自己。以我自己为例，在写第一本书时，我创建了“每晚把孩子哄睡后，我会在家中书房至少写上 3 小时”的“行动触发器”。此后，我几乎每天晚上都会写作，我甚至不必依靠自律就能不断取得进展。

“行动触发器”使我不必考虑何时写作。因为我知道，当外部刺激（把孩子哄睡）出现后，我就会执行目标行为（写作）。

了解了“行动触发器”后，让我们来看看具体应该如何创建及执行它们。

“行动触发器”不仅极其有效，创建起来也十分简单。一旦学会如何创建，你便能利用它们实现各种目标，从联系新客户、提升销售演示技能到提升签单率等，不一而足。“行动触发器”的整体框架由“何事”、“何地”和“何时”3部分组成。你可以通过回答以下问题来加以确定：

- 你想执行何种行为？
- 你将在何处执行？
- 你将在何时执行？

以“何事”“何地”“何时”为指导方针，你便能创建出极具影响力的“行动触发器”，从而向着目标稳步迈进。并且，你可以按照任何顺序作答。如果你想每天抽出1小时来接触新客户，那么你可以创建一个与金类似的“行动触发器”：“当我9点（何时）到达办公室（何地）时，我将花1小时去联系潜在客户（何事）。”如果你渴望获得谈判技巧的提升，那么你可以创建如下“行动触发器”：“每天下班回家的路上（何时），我都会在车里（何地）听一本关于谈判技巧的有声书（何事）。”在面对潜在客户的质疑和拒绝时，你甚至可以通过“行动触发器”来予以反驳：“当我询问买家是否愿意当场购买后（何处），如果对方说‘我还需要考虑考虑’（何时），我会立马通过讲故事的方式向其展示我们产品的优势，以及该产品能够为其解决何种需求（何事）。”

最后一点，“行动触发器”越具体越好。[68]与笼统的“行动触发器”（“今天下午，我要给潜在客户打25个电话”）相比，具体的“行动触发器”（“2点钟回到办公室后，我就开始联系潜在客户，直到打满25个电话为止”）效果更好。

赶紧创建几个“行动触发器”吧！让我们从确定其框架开始，即明确自己要完成的活动或行为，在哪里进行，什么时候执行。

何事：

____

何地：

____

何时：

____

接下来，不必考虑这3部分的排列顺序，你只需将每个部分组合起来，便创建出了一个“行动触发器”。

行动触发器：

____

为了确保你能得心应手地创建出自己的“行动触发器”，我们不妨再练习一次。

何事：

____

何地：

____

何时：

____

行动触发器：

____

很好！既然你已经创建好了“行动触发器”，那就赶紧执行起来吧！很快，你就会发现这些“行动触发器”能促使你朝着目标大步前进。

策略 7：将未来收益与当前行动关联起来

想象一下，你得知自己在当地银行中了 1 200 美元的奖金后，银行给了你两个选择：现在就拿走这 1 200 美元的奖金；或者，一年之后拿走 1 500 美元，即年化率为 25%。你会如何选择？

如果你和大多数人一样，那么你会选择现在就拿走 1 200 美元，而不会为了多拿 300 美元等上一整年。

诺贝尔奖获得者、行为经济学家理查德·塞勒（Richard Thaler）曾在一次实验中询问被试，面对上述中奖情境，他们需要拿到多少钱才愿意等上 3 个月、1 年或者 5 年。[69] 被试表示：他们愿意为 1 500 美元等上 3 个月；如果奖金能够翻倍至 2 400 美元，那么他们愿意等上 1 年；奖金必须高达 5 000 美元（即增幅超过 300%），他们才愿意等上 5 年。

这就是行为经济学家所说的“时间贴现”（temporal discounting）。时间贴现是指我们倾向于更看重当下的即时满足，而对未来可能获得的更大收益给予较低的权重。时间贴现与我们在上一章中探讨过的延迟满足正好相反。时间贴现的心理机制导致我们将注意力集中在当下能使我们感觉良好的事物上，而不愿在短期内做出一些小牺牲来换取未来更大的收益。这种心理机制对人类行为有很大的负面影响。研究证实，它能导致暴饮暴食、不安全的性行为、赌博、吸烟成瘾、吸毒、酗酒等种种危险恶习。[70] 它还会对人们的收入、教育水平、退休储蓄及社会的整体发展带来不利影响。[71] 这是因为时间贴现不仅使我们低估当下的选择对未来产生的负面影响，它还鼓励我们根据当下利益而非长远利益去冲动行事。

你或许已经发现，时间贴现是我们无法实现目标的一个主要原因。它导致我们未能给予未来的自己足够的关心和重视，还导致我们低估了当下的选择会给未来造成的痛苦。[72] 如果你曾经明明知道某种行为对你有害，对未来有弊，但你依然选择了屈服于这种行为，那么你一定能对我所说的感同身受。在实现目标的路上，这种心理机制是一个巨大的障碍。因为正如本书第 2 章所述，你必须现在做出牺牲，才能在将来达成目标。[73] 然而，现在我们又了解到，时间贴现使得我们更加关心现在的自己，而非未来的自己。

这似乎是一个无解的局面，实则不然。社会科学家指出，一种能有效降低时间贴现负面影响的方法是“对潜在结果进行阐述”（elaboration on potential outcomes，EPO）。EPO 能够促使你关注未来成果，使你能够拒绝阻碍你实现目标的当前诱惑。在一项研究中，研究人员让一些对是否应定期进行养老投资犹豫不决的被试想清楚，做好养老投资规划和不做养老投资规划，未来将分别带给他们怎样的结果。与那些并未对潜在结果进行深入思考的人相比，该项目被试的养老投资额几乎是前者的 2 倍。[74]

如果你能对“积极追求目标将会给未来的自己带来何种益处”展开细致想象，那么时间贴现对你现在的影响就会减弱。实际上，想象得越生动具体越好。[75] 例如，当你在追求某个具有挑战性的销售目标时，不妨仔细想象一下达成目标会给你的生活带来怎样的变化——它将如何改善你的事业、家庭和经济状况？乔恩是一家物流服务公司的销售人员。当他试图赢得一位理想客户时，他就是如此行事的。虽然他付出了 3 年多的努力才敲定这笔生意，但他自始至终从未放弃。在此期间，他想象着赢得这位大客户不仅能使他在职业上获得大幅晋升，增加的薪水还将缓解他家的经济压力。到时候，他和妻子就有足够的钱去支付双胞胎儿子大学第一年的学费了，他们也不必再贷款了。一想到这些，即便困难重重，乔恩也能坚持不懈，勇往直前。

花 1 分钟时间写下你想要实现的两个目标，然后想象一下达成目标会给未来的你带来何种积极影响。

目标 1：______________________________

实现该目标将产生的结果：__________________

目标 2：______________________________

实现该目标将产生的结果：__________________

上述练习将能减轻时间贴现对你产生的负面影响，使你更有可能现在做出牺牲以实现未来的目标。

本书的第一部分讲述了如何为销售成功做好准备。第 1 章介绍了卓越销售业绩的基石——成就心态和成长心态。第 2 章揭示了能够助你采取有力行动、取得更大成功的首要特质——韧性。本章则介绍了 7 种能够助你达成目标的科学策略。接下来，第二部分将讲述如何以经过验证的高效方式进行销售。我们将首先探讨如何使你的销售方式与潜在客户形成购买决策的方式保持一致。

让销售业绩翻倍的科学　SELL MORE WITH SCIENCE

- 相较于模棱两可的目标而言，详细的目标更能敦促你行动。
- 学习导向型销售人员在工作效率和销售业绩上远超业绩导向型销售人员。
- 只有将目标告诉那些你在乎的人，才能增加自己前进的动力。

- 如果你设定的目标并不使你更贴近自己真实的渴望，那么你将很难全力以赴。
- 完成子目标并获得反馈是销售成功的关键。
- 提高行动力的关键不在于要求自己变得自律，而在于创造一个轻松行动的环境。

SELL MORE WITH SCIENCE

第二部分

科学销售的决策引导策略

SELL MORE WITH SCIENCE

第 4 章

“销售 6 问”，让购买顺理成章

销售中最难的部分是什么？说出来你可能会觉得难以置信。高德纳咨询公司最新发布的研究称，销售中最难的部分在于“购买”。高德纳副总裁布伦特·亚当森（Brent Adamson）指出：“在当今世界，不仅销售变得很难，购买也同样如此。如今，销售面临的最大挑战并非销售本身，而是客户在购买过程中面临的挣扎。”[1]因此，“销售组织不单要解决销售难题，更要解决人们的购买难题。”[2]研究公司 CSO Insights 的研究也印证了这一点。该公司的研究报告称，虽然近些年来涌现了大量新的技术手段，旨在帮助销售人员更有效地达成交易，但 2018—2019 年能够完成销售配额的人员数量反而比 5 年前减少了 15%。此外，销售人员的实际签单率甚至不到预计签单率的一半。[3] CSO Insights 公司认为，“从购买流程而非销售流程出发展开销售行为”才能从根本上解决问题。[4]换言之，**我们不能只试图让潜在客户适应我们的销售方式，而应使销售方式与客户形成购买决策的方式保持一致。**

这些知名研究公司和咨询公司终于认识到，销售方式应该契合客户形成购买决策的方式。这是一件好事。其实，我上一本书《销售的科学》的读者早就认识到了这一点。销售的目标始终是帮助潜在客户完成决策过程，促使他们做出积极的购买决定。这就是人们需要销售人员的原因。然而，在很长一段时间里，许多业内人士都采取了以卖方为中心的销售手段。那是因为从前的市场竞争不激烈，可供买方选择的产品或服务较少，他们难以挑剔；并且，买方掌握的信息不够全面，他们很难获得与产品、服务及卖方竞争对手相关的信息。如此一来，许多销售人员可以根据卖方偏好而非买方偏好来开展销售行为。然而，在当今竞争异常激烈的商业环境中，有大量同质化产品和服务可以满足消费者的各种需求，消费者只需点击一下鼠标就能获得大量信息。于是，主导权回到了买方手中，他们理所当然地对卖方提出了更高的要求。因此，你不能再沿用老一套做法，就算是几年前的销售方式都不再适用了。市场在不断变化，如果你想在竞争中保持领先，就必须随之改变你的策略。

潜在客户在做出正确的购买决策时遇到困难，这就给了你为他们提供服务的机会，这便是销售的意义。买方需要的是能够引导他们完成购买流程并将他们的需求放在首位的卖方。因此，如果你想让自己脱颖而出，就必须将重点放在“如何销售”上，而不是你销售的具体商品上。**与传统销售观念相反的是，人们在选择产品或服务时，他们的购买决策并不完全基于哪一种更能满足自己的需求，而是基于他们对这些产品或服务的感知。**他们的选择在很大程度上受到销售人员的影响，甚至取决于销售人员。实际上，当人们拒绝购买某种产品或服务时，通常并非因为他们对产品或服务本身有所疑虑，而是因为销售人员未能以恰当的方式展示产品或服务。换言之，你如何向买方传达关于产品或服务的信息，将决定买方如何感知其价值并做出反应。

这突显了一项重要的销售原则：购买及由此产生的销售并非纯理性活动，而是一种心理活动。[5] 数以千计的科学研究都已证实了这一点。不仅如此，科学研究还证实了销售成功的可预测性：当你的销售方式越接近大脑形成购买决策的方式时，你达成交易的可能性就越大；反之，你的销售方式越偏离大脑形成购买决策的方式，买方答应购买的可能性就越小。这也正是为何即便面对同样的客户，销售同样的产品或服务，总有一些销售人员的销售额要比同一团队其他同事更高。这些销售人员与其同事的区别不在于销售什么，而在于如何销售。

我有位电子行业的大客户。电子行业的竞争异常激烈，而且这家企业销售的产品与竞争对手的产品相差无几。然而，虽然这家企业的产品价格更高，但无论是在赢得新客户还是在留住老客户方面，这家企业总能年复一年地赢过竞争对手。那么，他们是如何做到这一点的呢？原来，这家企业的员工在销售过程中，始终致力于让新老客户自然而然地感知产品的价值，从而愉快、自信地做出购买选择。这一策略不仅使这家企业从同类企业中脱颖而出，深受客户赞赏，而且为自己带来了显著的竞争优势。

我将在本章中向你揭示，如何才能使你的销售方式与人们形成购买决策的方式保持一致，从而提升签单率，并使你与客户之间的关系更加紧密。我分享的每一项有科学依据的原则，都将为你在竞争中带来巨大的优势。更重要的是，这些原则还将帮助你提升客户对其购买决策的满意度。

引导客户购买决策的 6 个有效问题

如前文所述，销售成功的关键在于使销售方式与人们的大脑形成购买决策的方式保持一致。在刚开始研究购买决策的形成过程时，我了解到一个令我感到震惊的事实：微小的承诺通常会带来更大的承诺。大量研究反复证实：当面临重要选择时，我们早期在某个方向做出的微小承诺，会使我们在后期朝同一个方向做出更大的承诺。[6] 这些微小的承诺是大脑做出最终决定的关键参考因素。[7] 一项针对吸烟者的研究很好地诠释了这一点。

在该项研究中，研究人员要求一组被试先做出一个小承诺——他们必须先回答几个关于吸烟习惯的问题，以获得参与研究的资格。该组被试同意之后，研究人员又告诉他们为了参与研究，他们还需要在 18 小时内不吸烟。而对于对照组的被试，研究人员仅要求他们在 18 小时内不吸烟而没有提出其他要求。值得注意的是，前者成功达到要求的可能性比后者高出 5 倍以上。[8] 正如这项研究揭示的那样，引导人们做出如购买决定等重大承诺最有效的方法，就是先要求他们做出与大承诺一致且能对完成大承诺起到激励作用的小承诺。

那么，哪些承诺能够引导人们做出购买决策呢？我设计了“销售 6 问”来模拟大脑在形成购买决策时经历的心理步骤。当买方对“销售 6 问”全部做出坚定的承诺后，他们便会自然而然地做出购买决定。因此，能否获得买方对“销售 6 问”的承诺将决定你的销售成功与否。在面对有经济能力且能自主购买的买方时，如果销售人员能够让对方对“销售 6 问”全部做出承诺，那么达成销售几乎是板上钉钉的事。如果无法让买方对“销售 6 问”做出承诺，那么买方的决策过程就会中断。这将导致买方无法做出积极的购买决定，交易也就无法达成。因此，以“销售 6 问”为基石展开销售将为你带来显著的竞争优势。

在《销售的科学》中，我以一整章的篇幅对“销售 6 问”进行了阐述，并介绍了我花费 6 年时间在此基础上开发出的科学方法论。在此，我将对“销售 6 问”进行简要的回顾，并分享一些新的材料和练习，以便你更好地将它们应用到实践中去。

1. 为什么要改变？
2. 为什么是现在？

3. 为什么选择你所在行业的解决方案?
4. 为什么选择你和你们公司?
5. 为什么选择你的产品或服务?
6. 为什么购买?

我将为你揭示无论处于销售过程的哪一环节你都应格外注意的那些承诺。此外，我还会向你展示如何将每一次销售经历转化成让你未来取得更大成功的铺路石。

在进一步探讨之前，请记住：大脑的决策过程并非线性的。“销售 6 问”中的每一问都可能出现在销售过程中的不同阶段。实际上，你的潜在客户在对话刚开始时就可能已经对某一问或某几问做出了承诺。如果遇到这种情况，你就应先对潜在客户已做出的承诺进行确认，然后集中精力获得他们对其余几问的承诺。

第 1 问：为什么要改变

应对此问，你面临的最大挑战可能是克服“现状偏差”(status quo bias)。这种认知偏差指的是个体在决策时因对当下的状况感到熟悉而愿意维持现状的强烈倾向，即便现状中可能存在各种问题。[9] 正是这种认知偏差使得大多数人惧怕改变，不愿做出改变。

这一问最为基础，这也是你在销售过程的早期需要解决的问题，否则很难达成交易。试想一下：如果潜在客户根本不想改变，那么他们又怎会愿意花时间和你交流呢？他们肯定不愿意。那么，你应如何说服他们，使他们决定做出改变呢？首先，找准他们的具体问题或痛点。然后，重点阐述你的产品或服务将如何解决他们的问题或痛点。最后，以充分的理由向对方说明维持现状需要面对何种风险，以及为何积极改变才是上策。

第 2 问：为什么是现在

如果你已经向潜在客户阐明他们为何应做出改变，那么接下来的问题就是：为什么是现在？为什么不能等待一周、一个月、一年，甚至更久再做改变？此问和第 1 问一样至关重要，并且难以解决。因为拖延是人类的天性。即便你已经说服了潜在客户做出改变，如果你不进一步说明为何现在就需要改变，那么对方也仍有可能按兵不动。

应对此问最有效的方法是使潜在客户认识到他们的问题已经给他们带来了很大的痛苦，如果他们不尽快做出改变，该问题还将给他们带来许多损失，而你的产品或服务能帮他们解决问题。**只有痛苦才能让客户产生紧迫感，如果对方未能感受到痛苦，就不会急于解决问题，也就没有理由答应购买产品或服务。**

第 3 问：为什么选择你所在行业的解决方案

此问十分隐蔽，许多销售人员想到要解决该问题时往往为时已晚。你不妨先问问自己：潜在客户能否以既有效又划算的方式自行解决问题？或者，他们能否从其他行业寻求能够满足其需求的方案？如果答案是肯定的，那么你就需要积极关注第 3 问，因为潜在客户完全有可能正在考虑此类替代方案。

在应对此问之前，你需要拓宽自己对"竞争对手"的理解。在我看来，竞争对手是任何可以抢走你生意的人或事。因此，你面对的竞争对手不仅有行业内的直接竞争对手——同类企业，还包括行业外的非传统竞争对手、客户自身的资源和能力，甚至包括客户维持"现状偏差"的心态。毕竟，如果你无法说服潜在客户做出改变，他们总会倾向于维持现状。

那你应如何应对呢？首先，你需要向潜在客户说明，如果他们试图从其他行业寻找解决方案，可能会出现哪些问题，以及你们提供的解决方案有哪些他们企业内部解决方案不具备的优势。我有一位客户经常会遇到买方想要自行解决问题而不愿从外界购买解决方案的情况。每当这时，我的这位客户总会向买方清楚地说明为什么对方内部解决方案无法充分满足其需求，而且从长远来看，内部解决方案会让他们付出更高的成本。通过这种方式，这位客户总能获得买方对此问的坚定承诺，从而敲定交易。

第 4 问：为什么选择你和你们公司

面对众多的选择，买方为什么要与你和你们公司合作，而不选其他同类企业？所以，获得买方对此问的坚定承诺至关重要，因为这更易促使对方给出对第 3 问"为什么选择你所在行业的解决方案"和第 5 问"为什么选择你的产品或服务"的承诺。如果买方已经给了你和你们公司承诺，那么他们不仅不太可能考虑去其他行业寻找解决方案或者自行解决问题，而且也更愿意深入了解你提供的产品或服务。

许多销售人员在应对此问时，都会大谈特谈自己所在的公司有多么卓越，这些年来获得了多少荣誉。恕我直言，潜在客户既不关心你们公司有多卓越，获得了多少荣誉，也不关心你们的员工有多优秀。他们只关心你和你们公司能否为其提供很大的帮助。

如今，市场上拥有大量的同类企业，以至于买方无法将这些企业区分开来。只有以不同方式展开销售，你才能让自己脱颖而出。研究表明：买方会通过你与他们的互动方式来评判你和你所代表的公司。当下，依旧有许多销售人员以过时、低效的方式进行销售，只要运用本书中的策略，你就能获得足够的竞争优势。归根结底，**潜在客户选择从你们公司购买产品或服务，最主要的原因就在于你。**

第 5 问：为什么选择你的产品或服务

即便潜在客户已确定无法自行解决问题并希望与你展开合作，你也依然需要说明以下问题：为什么你销售的特定产品或服务切合对方的需求？与同行业竞争对手的产品或服务相比，甚至与你们公司其他部门提供的类似产品或服务相比，你的产品或服务将如何更好地满足对方的需求？你可以通过多种有科学依据的策略，帮助客户了解你的产品或服务能为他们提供的独特价值。我会在本章及本书的后续章节中分享大量此类策略，此处，我们不妨先来探讨一种能让你脱颖而出的有效方法。

试想一下，来自同一家公司的两位销售人员分别向你介绍了相似的产品。第一位销售人员从头到尾都在泛泛介绍产品的优势。第二位销售人员则首先询问了你的情况、你优先考虑的事项及你想要解决的问题。随后，这位销售人员以你最为关心的问题为中心，详细阐述了她提供的产品将如何帮你解决每一个问题和痛点。不难想象，作为买方，你会更愿意从第二位销售人员那里购买产品。因为尽管这两位销售人员的陈述中存在大量相同的信息，但第二位销售人员的陈述更切中要点，使你感知到了更高的产品价值。

如果你能阐明你的产品或服务将为买方带来何种积极影响、满足其何种需求，那么你就能让对方感知到更高的价值。[10] 销售精英往往都会这样做。他们会根据买方的需求进行有针对性的介绍，因此也更受赏识。

第 6 问：为什么购买

此问涉及潜在客户购买你的产品或服务的理由。在如今的销售环境中，你往往需要向潜在客户阐明，相较于将钱花在其他地方，为什么从你这里购买产品或服务最符合他们的利益。试想一下，某位潜在客户告诉你，他们认为现在买份软件升级包就能解决问题，等以后有需要了再购买你的产品。为了成功销售产品，你就必须向他们证明，相较于购买软件升级包，现在购买你的产品是更明智的选择。

若想在应对此问时更具说服力，你就必须清楚地告诉潜在客户：如果驻足不前，他们可能会有什么损失；如果立即行动，他们又将有什么收获。这有助于他们理清思路，想明白为什么要购买你的产品或服务。

既然我们已经对“销售 6 问”进行了回顾，那么接下来，我将介绍利用“销售 6 问”展开销售的 3 大步骤。

利用“销售 6 问”展开销售的 3 大步骤

步骤一：让销售流程与“销售 6 问”保持一致

如前文所述，与大脑的决策过程保持一致的销售流程通常会更胜一筹。这正是“销售 6 问”能够发挥作用的地方：你可以利用该框架来准确评估你的销售方式是否有效，以及你应如何改进。我为数千名销售人员提供过关于如何积极使用“销售 6 问”框架的培训。这些销售人员来自不同规模的公司，既有小型企业，也不乏《财富》500 强企业。据他们反馈，“销售 6 问”能够带来两大成果：

- **购买决策进程得以加快。**通过帮助潜在客户更顺利地走完形成购买决策的心理步骤，自然就能使他们更快地做出决定。这正是“销售 6 问”的一大优势，即它大大缩短了销售时间。销售时间越长，成交的可能性就越小。销售流程拖得太长，往往会夜长梦多，节外生枝，比如买方人员更迭、预算削减、工作重心发生转移、出现新问题或新的竞争对手等。经历过漫长销售周期的销售人员对此类情况肯定不陌生。此前，我有一位客户的平均销售周期为 9 个月。通过围绕“销售 6 问”重组销售流程后，其销售方式与买方购买流程之间的摩擦大大减少，完成每笔交易的平均时间缩短了近 0 周。不仅如此，由于买方的参与度和满意度均有了大幅提升，这位客户的销售额也增长了 32%。
- **销售额得以全面提升。**我与来自世界各地的许多销售人员合作过，其中许多客户都借助“销售 6 问”显著提高了销售额。例如，一家拥有约 200 名销售人员的中型企业在围绕“销售 6 问”重新设计了整个销售流程之后，第二年的销售额增长了 27%。一家仅有 6 名销售人员的小型企业在采用“销售 6 问”框架后，销售额增长了近 3 倍。一家财富 500 强企业在针对“销售 6 问”为销售人员进行培训后，10 个月内销售额增长了 16%。这些企业均表示，他们的销售人员遭受拒绝的次数大幅减少，与买方的互动更加深入，销售业绩也远超竞争对手。

通过利用科学方法，上述企业得以取得喜人成果，赢得竞争优势。你同样能够做到。若想根据“销售 6 问”来调整销售方式，不妨通过以下练习迈出第一步吧！请仔细思考“销售 6 问”中的每一问，并对自己在销售过程中解决这些问题的能力进行评估。

请注意，你可能会发现自己有待改进的地方不止一处。现在，你只需要关注你自认为最不擅长应对的问题，思考你应该如何提升应对该问题的能力。一旦有所改进，你便可以着手提升应对其他问题的能力。

你最不擅长应对“销售 6 问”中的哪一问？

____

你将通过哪 3 种举措来提升应对该问题的能力？

1.______________________________

2.______________________________

3.______________________________

步骤二：评估下一步如何行动

如前文所述，每次销售都会涉及对“销售 6 问”的承诺。在如今复杂的销售环境中，购买过程往往涉及众多决策者（即有权决定买与不买的人）和影响者（即能够对决策者的选择产生影响的人），甚至还需要经过采购部门的内部讨论。因此，买卖双方可能需要进行多次互动。

那么，如何抓住每次互动的重点呢？比如，与潜在客户进行初次讨论后，第二次会面应与他们分享哪些信息呢？这正是活用“销售 6 问”框架为双方奠定共赢基础的又一典型场景。

思考下次互动的重点时，可以通过“销售 6 问”来确定你已经得到了哪些承诺，还有哪些问题尚待解决。假设你即将与某位潜在客户进行第三次会面。在前两次交流中，对方已经对其中 3 问（“为什么要改变”“为什么是现在”和“为什么购买”）做出了承诺。那么，你现在应重点考虑如何应对其余问题（“为什么选择你所在行业的解决方案”“为什么选择你和你们公司”和“为什么选择你的产品或服务”），以获得对方的承诺。

请通过以下练习将“销售 6 问”应用于一位潜在客户，借此掌握如何确定你在销售流程中的具体位置，以及下一步应采取何种行动。

潜在客户名称：

____

是否收到潜在客户对“销售 6 问”的承诺？是哪些？

____

在其余问题中，哪些问题较为棘手？你将如何应对？

____

你计划如何获得潜在客户对其余问题的承诺？

____

在制定应对“销售 6 问”的策略时，别忘了你的秘密武器：你的同事和团队成员。多年来，我为许许多多的销售人员和企业提供过针对“销售 6 问”的培训。我注意到，这种方法有一个最大的好处：当整个销售团队的成员都采纳这种方法之后，成员之间便能以此为共同语言，打造更默契的合作。他们会互相提问，诸如“你如何应对‘为什么要改变’”“你如何获得潜在客户对‘为什么选择你和你们公司’的承诺”等。这无疑营造了一种能使全体成员快速成长和提升、收获更大成功的创新氛围。

步骤三：对每笔销售进行成败分析

我始终遵循并要求我的客户执行一条铁律：无论销售成功与否，都必须知道原因。想要理解为何会得到这个销售结果，明确今后应当如何改进，最好的办法就是利用“销售 6 问”框架进行成败分析。当你这样做时，你就会发现，这个强大的工具不仅可以帮你准确找出销售成败的原因，还能为你揭示需要改进之处，从而提高你的签单率。

之所以要利用“销售 6 问”进行成败分析，最主要的原因在于你能因此获得“反脆弱”（antifragile）的能力。“反脆弱”是纳西姆·尼古拉斯·塔勒布（Nassim Nicholas Taleb）在其畅销书《反脆弱》（*Antifragile*）中提出的术语。塔勒布将反脆弱描述为一种能使人或事物在经历压力或逆境后反弹，甚至变得更加强大的特性。[11] 塔勒布认为，反脆弱性“超越了复原力或强韧性”。“复原力能让事物抵抗冲击，保持原状；反脆弱性则让事物变得更好。”[12] 通过锻炼增强肌肉力量便是一个例证。当你锻炼时，身体的肌肉纤维会因压力而受损。随后，你的身体会进行自我修复。由于肌肉具有反脆弱性，所以反复这一过程会使你的肌肉变得更大、更强。根据塔勒布的定义，如果你的肌肉具有脆弱性，那么针对肱二头肌的锻炼将给你的手臂造成永久性损伤；如果你的肌肉仅具有复原力或强韧性，那么你的肱二头肌只能恢复到锻炼前的力量水平；然而，正是因为肌肉具有反脆弱性，所以它们才会因锻炼而变得更加强壮。

你同样可以通过利用“销售 6 问”进行成败分析来锻炼你的“销售肌肉”。具体方法如下：针对每次失败，问问自己，你已经获得了“销售 6 问”中的哪些承诺，尚未获得哪些承诺。那些尚未获得的承诺便是你未能赢得销售的原因。在反复进行成败分析之后，大多数销售人员都发现：他们经历的失败大部分归结于他们在某一问或某几问上栽了跟头。一旦确定了哪些问题是你的薄弱之处，你就需要针对销售流程中对应此类问题的环节，集中精力进行优化和提升。步骤一、二中的练习可以为你提供帮助。花时间认清失败的原因，找出需要提升的地方，这将帮助你从逆境中反弹，获得技能和策略上的提升，从而增加你未来的成功概率。

针对每次成功，你同样应该进行成败分析。正如销售专家、哈佛商学院工商管理专业的高级讲师弗兰克·塞斯佩德斯（Frank Cespedes）所说：“成功和失败同等重要。成功经历能为你提供大量信息，例如你的优势、竞争对手的弱点、购买行为模式，以及销售公司的商业模式或定位方式。你可以利用此类信息来衡量自身的成功水平，增加未来的成功概率。”[13]你可以问问自己：你此次赢得销售的主要原因是什么？你在哪些方面做得特别好？在销售流程的哪些环节，你真正引起了客户的共鸣？认清自身优势往往能让你将这些优势发挥得更加淋漓尽致。此外，即便你此次赢得了销售，也不代表整场销售演示完美无缺。我建议你至少找出两处可以改进的地方。否则，你就错失了一次培养自己反脆弱能力的机会，而这种能力将助你持续不断地赢得销售。

成败分析还能帮你走出困境或免栽跟头。随着时间的推移，这种做法可以让你对此类困境产生“免疫力”。因为在栽跟头之前，你已经做了种种避免陷入困境的努力。同时，你始终将客户最关心的问题谨记于心，你就不会因不慎改变销售流程而未能满足客户的需求，也就不会导致你前功尽弃。我见过一些销售人员因稍获成功而沾沾自喜，最后落得个功亏一篑的下场。

我希望通过上文的阐述，你已经认识到了利用“销售 6 问”框架的重要性。接下来，让我们将目光转向有效销售的另一个关键部分：向买方传递重要价值。

提出正确问题的 3 个示例

只有使买方感知到你的公司、产品或服务能够为他们带来的价值，他们才能做出积极的购买决策。事实上，如果你能够向潜在客户传递重要价值，你便能让他们在整个销售过程中保持参与感和积极性，从而更有可能答应购买。

如果我们问销售人员，他们是否向买方有效传递了价值，大多数销售人员都会给出肯定回答。然而，80% 的买方表示，他们与销售人员的沟通没有任何意义，纯属浪费时间。[14] 大多数销售主管也与买方持相同意见。最近的一项调查显示，销售主管认为销售人员亟须提升的首项能力是“传递价值的能力”。[15]

为什么买方和销售主管对销售人员的认知与销售人员对自己的认知会存在这样的脱节？这是由一种叫“错误共识效应”（false consensus effect）的认知偏差造成的。错误共识效应指的是人们本能倾向于高估他人对自身观点和言语的认同程度。[16] 销售人员需要向潜在客户介绍产品的核心价值主张，而他们能否获得对方的认同又将直接决定销售的成败，所以错误共识效应对销售人员的误导会尤为明显。由于急于达成交易，销售人员常常会将买方点头的动作、沉默及一些模棱两可的陈述（如“你说得有道理”）误解为买方理解并认同他们分享的价值主张。大多数时候，买方之所以不认同此类价值主张，并非由于销售人员没有传递价值，而是因为他们无法识别出来。

接下来，我将分享如何以能帮助买方识别并认可的方式传递价值。在此之前，请将以下两项原则牢记于心：

1. **大脑对价值的评估具有可塑性，很容易受到多种因素的影响。**理查德·塞勒的一项研究很好地证明了这一点。塞勒首先请被试想象炎炎夏日自己在海滩上放松身心的情景。随后，他请被试想象自己口渴了，而海滩旁边正好有一家高档酒店和一家破旧的小杂货店。此时，塞勒询问被试分别愿意花多少钱从上述两家店里购买冰镇啤酒。仅仅根据对场景的描述，被试也愿意多付 76% 的钱从高档酒店购买同款啤酒。[17] 包括该研究在内的大量研究均证实，对事物的呈现方式会影响我们对其价值的感知，从而影响我们愿意为它花多少钱。
2. **想让潜在客户认识到你们公司及产品和服务所能提供的价值，关键在于能让对方的大脑更加轻松地将价值识别出来。**对于买方而言，识别价值对认知层面的要求越高，他们就越难识别它。因此，你需要以清晰明了、易于理解的方式传递价值。尼尔·雷克汉姆（Neil Rackham）和约翰·德文森蒂斯（John DeVincentis）在《销售的革命》（*Rethinking the*

> *Sales Force*）一书中指出：“客户更多地认定价值来自产品的销售环节，而不是产品本身。销售过程本身在创造客户价值方面发挥出越来越重要的作用。”[18] 正如前文所述，成功的关键不在于销售什么，而在于如何销售。

你可以用一种潜在客户更易理解的方式呈现价值，即向潜在客户提问，促使他们进行价值评估。《销售的科学》第 5 章介绍了一个分层模型。这个模型借助三个层次的问题，帮我们抓住买方的核心需求和关注点。在本章后续内容中，我们将对模型的第二层“评估问题”进行探讨。这些问题能够引发潜在客户积极思考，并对你分享的价值信息给予回应。除非潜在客户亲口确认，否则你就不会假定他们理解并认同你分享的重要价值主张。如此一来，你便可以免受错误共识效应影响。

以下是一些评估问题的示例。这些问题能够促使买方进一步思考你提出的价值主张，并分享他们对此的看法。

- 当您思考我们所讨论的内容时，您认为我们的服务会给您带来哪些益处？
- 如果贵方员工接受了我们的线上培训，您认为这将对提升他们的工作效率带来何种帮助？
- 您会考虑购买不具备这个功能的产品吗？
- 关于我们是不是这个项目合适的合作伙伴，我所陈述的内容能否打消您的顾虑？
- 我们的五步安装流程能不能让您感到放心？您相信如果出现任何问题，我们都能及时发现并立即纠正吗？

研究人员发现，当某位演讲者在诸如销售演讲等情境中传递说服性信息时，向听众抛出此类问题能够使他们更加认同演讲内容。[19] 这是因为这些问题会促使人们思考信息背后的价值，而他们的思考又会使他们更易被说服。因此，通过提出评估问题来激发买方思考，获得买方对价值的认同，将大大提高销售成功的可能性。

抛出此类问题还有一个意想不到的好处，即回答问题能够给对方带来愉悦感。一项发表在著名期刊《美国国家科学院院刊》（*Proceedings of the National Academy of Sciences*）上的研究发现，当研究人员邀请被试在“获得一笔小额金钱奖励”和“回答评估问题但无法获得金钱奖励”之间做选择时，很多人都出乎意料地选择了后者。[20] 该研究得出结论：被试之所以愿意选择后者，是因为分享自己的观点能使他们获得更高的内在回报。

因此，当你向潜在客户传递价值，试图使他们对“销售 6 问”中的一问或几问做出承诺时，你应随时提出此类问题。这些评估问题之所以至关重要，是因为它们能让你准确判断出潜在客户是否认同你的价值主张。如果对方无法认同你的公司、产品或服务能为他们带来价值，那么他们就不会对第 4 问“为什么选择你和你们公司”或第 5 问“为什么选择你的产品或服务”做出承诺。如果他们无法对这两问做出承诺，那么无论你的说服力有多强，他们可能都不会与你达成交易。

无论潜在客户如何回答评估问题，抛出问题都是有利无弊之举。如果对方认同你传递的价值，你就可以信心满满地进入下一步流程。如果对方并不认同，你就知道了对方有什么顾虑，就可以立即解决，让销售回到正轨。

只有以积极的方式提出评估性问题，对方在回答问题的过程中才会对

你所传递的价值进行正面思考和肯定回应。例如，展示完产品价值后，不要提出“您对我展示的产品有什么顾虑吗”之类的问题。这会促使买方对你的产品产生负面想法，并将注意力集中在为什么该产品不合适上。即便该产品完全能够满足对方的需求，他们仍可能找出甚至编造一个不购买的理由。所以，你应该这样提问：“您认为我所展示的产品功能中，哪一项会对您的业务带来极大的益处？”或者“如果您拥有这款产品，您认为您能够从中获得哪些益处？”看到两种问法的区别了吗？请记住，一定要以推动销售为出发点提出问题，确保你的问题能够从正面引导买方对你所传递的价值进行思考并给出看法。

评估问题在助你赢得销售额上可发挥的威力，再怎么强调都不为过。以我的一次亲身经历为例。彼时，我一直在争取一位潜在客户。经过一段时间的努力，我已获得了除首席执行官外所有购买决策者和影响者的支持。然而，这位首席执行官最近才加入公司，而且他拥有一票否决权。那天，我需要向这位首席执行官做演示。会议刚开始，他就表现得十分冷淡。尽管我尝试了种种建立融洽关系之举，他都无动于衷。他既不愿与我进行眼神交流，在回答我的问题时也总是一副“话不投机半句多”的样子。当我介绍解决方案并阐释它将如何为其公司提供价值时，这位首席执行官仍旧面无表情。然而，当我向他抛出评估问题后，情况一下子发生了变化。我问道：“如果采用这种培训方案，您认为会给贵公司带来哪些好处？”他并未立马回答，而是陷入了沉思。片刻之后，他指出了该解决方案能够为他们公司带来的种种积极影响。这让在场的所有人都大吃一惊。他越讲越投入。在结束作答时，他的整个态度都变了。他直视着我，破天荒地笑了。在后续的时间里，他一直面带笑容，全神贯注，积极参与。短短几周后，我们就达成了交易。

此次会议、此次销售的成功是否得益于这个评估问题？毋庸置疑。该问题之所以具有如此大的影响力，是因为它不仅能引导这位决策者对我所传递的价值进行思考，还能促使他公开分享他对该评估问题的想法。而分享想法的过程，又进一步增强了他对己方问题及我方解决方案的深度认同。

遇到过类似情况的人还有很多。许多销售人员都表示，当他们开始使用评估问题来帮潜在客户消化他们所传递的价值时，往往就能见证销售额的飙升。使用评估问题的技能，需要通过练习加以培养。但一旦掌握该技能，你的效率将大大提高。接下来，我将分享一些如何在实际销售情境中应用评估问题的例子。随后，你可以通过书中提供的相关练习来训练此项技能。

示例 1

一位销售人员正在使用评估问题来促使买方对产品价值进行深度思考。

销售人员：了解了我们的报告之后，您是否认识到了我方软件能够提供跨媒体平台的深度报告，而这也正是许多企业选择我方软件的原因？

买方：没错。这款软件的确提供了大量清晰的信息，似乎有助于评估哪些信息有效，哪些信息无效。

销售人员：我听到很多客户都这么说。既然您已经看到我方软件所提供的报告更“有助于评估哪些信息有效，哪些信息无效”，以及能“提供大量清晰的信息”的优势，那么，请问您是否希望自己购买的软件具备这种功能呢？

买方：当然，我认为我们确实需要这种级别的报告。这正是我们想要的。

示例 2

一位销售人员在介绍完自己公司的概况之后，希望通过评估问题来激发潜在客户对第 4 问“为什么选择你和你们公司”做出承诺。

销售人员：在上次沟通中，您讲到的一个主要问题是您目前的供应商不能提供足够的支持，这令您感到十分沮丧。您还指出，您希望新的供应商能够提供足够的支持。如此一来，贵方就不需要再迁移到其他系统了。正如我们已经讨论过的，我方服务能够满足您的所有需求。并且，我们不会像大多数供应商那样将您锁定在长期合同中。我们将通过每月为您提供优质的客户支持来赢得您的信赖。我们有着很高的客户留存率，我相信如果您选择与我们公司合作，将不需要再换其他供应商。这是否打消了您的顾虑呢？

买方：是的，到目前为止，你对你们公司的种种介绍都令我感到相当满意。你们公司听起来不错。

销售人员：那么，根据您对我们公司的了解，您是否愿意选择我们公司作为贵方的供应商呢？

买方：当然。贵公司比我们目前的供应商要优秀得多。

示例 3

一位销售人员正在介绍她的解决方案，试图获得对方的认可，对方却不置可否。因此，她需要通过一些评估问题让销售重回正轨。

销售人员：正如我说的那样，许多全球顶级公司都在用我们的平台对他们在社交媒体上的表现进行管理。根据我们之前的讨论，我方提供的平台能否满足您的需求？

买方：也许吧。它听起来还不错，我可以考虑一下。

销售人员：看来您对我们的平台很感兴趣。请问，如果您使用了这个平台，您觉得它将给贵公司带来的最大优势是什么？

买方：嗯……我认为该平台提供的可视性很不错。并且，它还能够为我们提供一致的方式衡量我们在所有社交媒体渠道的表现。

销售人员：确实如此。既然我们的平台既能提供可视性，又能让贵公司以一致的方式衡量你们在所有社交媒体渠道的表现，那么，您觉得对于贵公司而言，它是合适的解决方案吗？

买方：是的，听你这么一说，它确实能够满足我们的需要。

既然你已经见识到了评估问题的威力，那接下来不妨练习一下如何使用它们。下面的两个示例都包含一个情境和两种抛出评估问题的方式，请在这两种提问方式中选出你认为最合适的一项。后文中，我将对两个示例的答案进行剖析，但请先试着自己作答。

示例 1：你刚刚向潜在客户介绍了你的产品及其价值。此时，你认为提出下列哪个问题更加合适？

选项 1：根据我所分享的内容，您对使用我们的产品是否有任何顾虑？

选项 2：根据我所分享的内容，您认为我们的产品能给您带来哪些益处？

示例 2：潜在客户当前的设备供应商无法提供优质的售后服务。当机器出现故障时，该供应商往往需要 1 周甚至更长时间才能修好机器。这段时间给潜在客户带来了巨大的损失。因此，你向这位潜在客户声明，你们公司的技术人员对问题有着极快的响应速度，通常 48 小时之内就能解决问题。此时，你认为提出下列哪个问题更加合适？

选项 1：我们通常能在 48 小时内修复机器故障。如果贵公司机器出现问题，将很快得到解决。这是否能够打消您的顾虑？

选项 2：贵公司目前的供应商通常需要 1 周甚至更长时间才能修复机器故障。这是否足以证明我们才是您更好的选择？

示例 1 的答案：选项 2 更加合适。因为它不仅能启发潜在客户思考你们的产品能够给他们带来何种益处，还能引导他们将这些益处讲述出来。选项 1 则是一个糟糕的选择。因为它引导潜在客户思考他们对你们的产品持有何种顾虑，这很容易打消他们购买的念头。

示例 2 的答案：选项 1 更加合适。因为它不仅能够提醒潜在客户，你们将在 48 小时内解决问题，还能够帮助对方进一步消化你们能为他们带来的益处，引导对方设想成为你们的客户后的感受。选项 2 则不够好。因为它攻击了潜在客户目前的供应商，随后又在没有提供充足理由的情况下要求潜在客户承认你们是更好的选择。

现在，请花些时间找出你的公司、产品或服务能够在哪两个方面为客户提供重要价值。当你向潜在客户传递价值后，请向他们提出一个评估问题，以此引导他们对你所分享的内容进行思考并给出回应。

你的公司、产品或服务可提供的价值：

____

为获得客户对此价值的认同，你将提出以下问题：

____

你的公司、产品或服务可提供的价值：

____

为获得客户对此价值的认同，你将提出以下问题：

____

向买方介绍完重要价值主张之后，你应立即抛出评估问题。如此一来，你便能够对他们是否理解并认同你所分享的价值主张做出正确判断。由于这些问题能够引导买方做出反应，提升买方参与度，也就能使买方更易感知并理解你所分享的价值主张。

本章介绍了两项关键的科学销售原则：采用“销售 6 问”框架并提出恰当的评估问题，确保潜在客户能够感知你所分享的价值主张并做出反应。当你开始运用这两项原则时，你的销售方式就会与潜在客户形成购买决策的方式保持一致，你的销售效率与成果自然而然也会随之提高。即便如此，潜在客户有时也会因陷入某个观点而止步不前。在下一章中，我将分享一个革命性的重构过程。它将帮助你引导买方进入互利互惠的新视角，从而推进销售。

让销售业绩翻倍的科学　SELL MORE WITH SCIENCE

- 我们不能只试图让潜在客户适应我们的销售方式，而应使销售方式与客户形成购买决策的方式保持一致。
- 人们在做出购买决策时，是基于产品和服务的感知，而非需求。
- 只有痛苦才能产生紧迫感，如果客户未能感受到痛苦，就不会急于解决问题，做出购买决策。
- 想让客户认识到商品和服务所能提供的价值，关键在于帮助对方轻松识别价值。
- 只有以积极的方式提出评估问题，客户在回答时才会进行正面思考。

SELL MORE WITH SCIENCE

第 5 章

重构情境，让客户改变决定

如上一章所述，对事物的呈现方式能够在很大程度上影响我们对事物的印象和我们的决定。这一点在我们生活的方方面面都有体现。行为科学研究发现，在消费者看来，标注为“含有 75% 瘦肉”的碎牛肉不像标注为“含有 25% 肥肉”的碎牛肉那样油腻，口感会更好。[1]一项发表在《新英格兰医学杂志》（*The New England Journal of Medicine*）上的研究，对医生在遇到危及生命的疾病时如何选择治疗方案进行了调查。该研究结果证实：当一种治疗方案被描述为“存活率 90%”时，有 84% 的医生会选择这种方案。[2]然而，当这种治疗方案被描述为“死亡率 10%”时，只有 50% 的医生会选择这种方案。

商业决策同样会受“框架效应”（framing effect）的影响。一项发表于《应用心理学杂志》的研究称，将同一个项目团队分别描述为“有 60% 的成功率”和“有 40% 的失败率”时，高管们会对前者给予更高的绩效评价。[3]在另一项研究中，研究人员邀请被试将自己想象成公司正在经历合并的买家，需要在两家服务提供商中做出选择。[4]但问题是，由于合并，他们无法判断确切的购买量是多少，因此也就无法确定哪家供应商的价格更加优惠。第一家供应商提供的是与购买量无关的固定价格。第二家供应商提供的则是一种风险较高的分级定价模式。在分级定价模式中，如果购买量大，买家便可以从中获益；但如果购买量小，买家就需要付出更高的成本。当研究人员向被试强调不能错失节约成本的机会时，79% 的被试选择了提供分级定价模式的供应商。而当研究人员向被试强调确定性和稳定性时，56% 的被试选择了提供固定价格的供应商。

在销售过程中，你构建情境框架的方式，决定了你的潜在客户能否接受你的销售。著名认知心理学家阿莫斯·特沃斯基（Amos Tversky）和丹尼尔·卡尼曼（Daniel Kahneman）① 开展过一项研究，该研究设计了以下情境：[5]

> 你决定去看一场演出，票价是 10 美元。当你排队买票时，你发现自己丢了一张 10 美元的钞票。你还会买票观看演出吗？

88% 的被试都选择了“会”。如果你和他们一样，那么你可能也会不假思索地选择继续买票。如果对上述情境稍做修改，改为以下情境：

> 你花 10 美元买了门票，打算观看某场演出。然而，当抵达剧院时，你发现自己将票弄丢了。此时，你会再买一张票去看演出吗？

在第二种情境中，你是否觉得自己有点儿犹豫不决了呢？实际上，大多数人都是如此。在这种情境中，54% 的被试表示他们不会再次买票。然而，如果你仔细思考上述两种情况，你会发现，仅从损失的金钱来看，两者是一样的——你在两种情境中都损失了 10 美元。从逻辑上讲，你理

① 诺贝尔经济学奖得主，行为经济学之父。其著作《噪声》的中文简体字版已由湛庐引进、浙江教育出版社于2021年出版。——编者注

应对两种情境做出同样的反应。你之所以做出了不同反应，正是受框架效应的影响。花 10 美元去补一张我们已经购买却不慎丢失的票，会让我们的大脑将第二张票的价格感知为 20 美元。与此相反，在第一种情境中，丢失 10 美元的钞票与购票并无关联，因此我们会将其视为一种单独的损失。所以，尽管此次购票观看演出损失的金额和第二种情境中损失的金额一样，但大多数人仍选择了继续购票。正如卡尼曼解释的那样："除非有明显的理由，否则大多数人都会被动接受决策问题的既定框架，因此也就很少有机会发现我们的偏好在多大程度上受制于框架设定而非基于现实依据。"[6]

这同样适用于销售情境：每个人都会以特定的观点或框架来对待销售。因此，你需要认识到，潜在客户并不是根据你提供的信息做出客观反应，即便他们可能自认为如此。这一点至关重要。通常来说，潜在客户是对自己的既有观点做出反应，这可能会导致他们陷入不利于销售的思维框架。因此，只有承认并正视他们的既有观点，才能进一步推进销售流程。如果你无法让他们摆脱既有的框架，那么他们就会拒绝你介绍的内容——并非你介绍的产品或服务对他们无益，而是这些内容与他们的看法不一致。

在下列 3 种情境中，买家都陷入了消极框架。思考一下，你将如何应对：

- 经过调查研究，你确定你的产品能帮某位潜在客户解燃眉之急。于是，你联系到这位潜在客户，想与对方分享你的产品将为他们带来何种益处。然而，你还没来得及分享产品价值，他们就直接告诉你："我们不感兴趣。"此时，你该如何回应才能让销售回到正轨呢？

- 你的潜在客户正在考虑换掉目前的供应商。然而，他们的预算太低，根本不足以购买他们所需的解决方案。如果不考虑他们究竟会选择与哪家供应商合作，你应如何帮他们认识到他们的预算将导致他们无法得到理想的结果，同时又不会给他们留下你想让他们掏更多钱的印象？
- 在达成销售只差临门一脚时，你的潜在客户却突然说："我们还需考虑一下。我们不确定现在是否应该继续。"你应如何打消对方的顾虑，并向他们证明现在就采取行动才符合他们的最佳利益？

在以上每一种情境中，**销售能否成功取决于你能否帮助买方以一种全新的视角来看待他们所处的境况。**为此，你需要"重构框架"。重构框架指的是引导买家从当前视角转向更有裨益的新视角，从而激发对方做出积极回应。重构框架是一项非常强大的技能，只有掌握了这项技能，你才能成为一名顶尖的销售人员。

重构情境框架的 5 种方法

几年前，在认识到重构框架的重要性后，我开始寻找提升此项技能的方法。我发现，大多数销售人员都是通过记住其他人在某种特定情境中使用的销售话术来重构框架。然而，针对某种情境设计的话术，很难在其他情境中发挥出同样的效果。因此，这种策略产生的结果不尽如人意也就不足为奇了。我深知，要想在销售中取得真正的成功，我就必须具备专业上的灵活性，必须能重构我遇到的每一种销售情境。在翻阅了大量销售类文献后，我仍未能找到有效的重构框架之道。于是，我开始从科学文献中寻找答案。[7]

从行为科学家、诺贝尔奖获得者到心理学家、心理治疗师等，大量科研人员进行的实验都证实了重构框架能够改变人们的观点。[8]他们还开发出了积极、有效的重构技巧。此类研究揭示了三个关键观念，这些观念使我得以摸索出在销售过程中重构框架的方法。**第一个观念是即便潜在客户已持有某种观点，你仍能通过提供新的视角，让他们摆脱原有框架，转换到更有效的情境框架之中。**例如，请看下面的兔子图片（见图 5-1）。[9]

图5-1　兔子？鸭子？

当人们看这张图片时，第一眼会看到一只兔子或者一只鸭子。请再看一遍，现在你能看出鸭子吗？刚开始，由于我事先给了你一个框架，所以你会下意识地将自己即将观察的事物判断为兔子。而当我告诉你这张图片同样可以被理解成一只鸭子时，你便看到了鸭子。现在，你或许能够轻而易举地同时观察到兔子和鸭子。从这个小实验中，你可能已经体会到了：框架决定了你最初的感知，而当我给了你提示之后，你的感知也随之发生了变化。这正是重构框架在销售中发挥的作用：使潜在客户以一种全新的方式去看待事物并给出回应。

第二个观念是重构情境框架具有复合效应。为了更有效地帮助买家摆脱既有观点，你通常需要以至少两个新框架来突出全新视角。当你连续提供两个相互关联的新框架时，你便能放大每个框架的影响力，从而使整个重构过程更具冲击力。接下来，我将以 4 个关于某待售房屋的框架来举例说明。

- 框架 1：这套房子的外墙被漆成了奇怪的棕色。
- 框架 2：这套房子面积为 325 平方米，且内部装修豪华。
- 框架 3：这套房子位于一个非常理想的社区。由于已经有许多潜在买家表示有兴趣出价，所以这套房子可能很快就会售出。
- 框架 4：这套房子已具备拎包入住的条件。由于工作调动，急于售房，现任房主的报价足足比市场价低 17%。

你是否注意到了随着框架的层层展开，你对这套房子的看法也随之发生了改变？当你从框架 1 中感知这套房子时，你的注意力集中在它难看的棕色外墙上。这会让你觉得这套房子看起来没什么吸引力。然而，当后续框架不断将你的注意力引向房子的正面特征后，你对房子的整体评价随之发生改变，这套房子的吸引力也变得越来越大了。我们能够从这个练习中清楚地观察到，以层层递进的方式分享具有相同性质的框架，能够产生一种复合效应，从而更深刻地影响人们对事物的感知。每引入一个新视角，既有框架的重要性就会变得更低，也就更难以左右一个人的决定。在销售中，当潜在客户因陷入既有框架而不愿给出销售承诺时，通过分享多个积极的新框架来进行引导尤为有效。

第三个具有突破性的观念是并非所有框架都具有同等说服力。某些框架比其他框架更具影响力，因而也更能说服持相反观点的人。[10] 本章阐述的重构过程将以在销售中最具影响力的框架为重点。

在掌握了这 3 个观念之后，我为销售人员创建了一套重构框架的方法，并在不同行业的不同销售环境中对大量客户进行了测试。历经 3 年多的研究和测试之后，我认识到了在销售中如何才能最有效地重构框架。一旦确定了重构框架的方法，我便开始将它传授给销售人员。我观察到，通过短短几小时的练习，他们应对棘手销售情境的能力就能得到极大的提升。当他们面对因持消极观点而迟迟不愿签单的买家时，这套方法能为他们提供重构框架的体系，促使买家做出有力的回应。同时，这套方法还极具灵活性。如此一来，他们便能根据遇到的独特情境及时调整应对措施。这些销售人员甚至将这些方法应用到他们的日常工作中，用于改进他们在日常互动中表达自身想法及介绍公司、产品和服务的方式。

该框架重构体系包括 5 种有效框架。你可能很少会遇到需要 5 种框架一起使用的销售场合，但我建议你应至少连续使用 2 种框架，以便最大限度地发挥每种框架的效果。具体使用哪些框架取决于具体情境。一旦你掌握了 5 种框架并练习使用它们，你便会发现，这套方法将引导你想出令人信服的对策，使你能够从容应对你所面临的任何挑战。

情境框架 1：社会认同法

1934 年，当西尔万 · 戈德曼（Sylvan Goldman）收购了几家小型商店后，他开始思考：“如何才能提高店铺的销售额呢？”[11] 很快，他便发现是顾客使用的购物篮影响了销售。在购物时，顾客会把商品放在购物篮中。一旦篮子满了，即便他们还需要更多商品，他们也会停止购物。戈德曼意识到，购物篮的大小限制了顾客单次购买商品的数量。为了解决该问题，他发明了购物车。他信心满满地将购物车布置在商店里，期待着销售额的激增。然而，顾客们认为购物车外形怪异，因此拒绝使用。戈德曼并没有气馁。他贴出广告，向顾客清楚地解释了使用购物车的好处。但顾客们还是不买账，依旧选择使用他们早已习惯的手提购物篮。那么，戈德曼最终是如何说服顾客改用购物车的呢？他通过聘请一批男女演员推着购物车在店里走来走去，将商品放进购物车里来重塑购物车的使用体验。如此一来，当顾客走进他的商店时，他们就会看到很多“购物者”在愉快地使用购物车。于是，顾客们也纷纷开始使用购物车。那么，购物车最终是否帮戈德曼提高了商店内的销售额呢？答案是肯定的。不过，他的大部分财富都是通过在世界各地授权使用购物车赚来的。

戈德曼利用一种强大的心理诱因——“社会认同”（social proof）对购物车进行了框架重构，从而获得了市场的认可。社会认同是一种将某个想法的说服力与其他人对该想法的反应联系起来的心理倾向。当顾客看见别人使用购物车后才开始接受购物车，也正是这个原因。社会科学家史蒂夫·马丁在他的一篇发表于《哈佛商业评论》的文章中写道：“社会认同之所以有着如此大的影响力，是因为人们的行为在很大程度上受周围人行为的影响。”他还十分幽默地将社会认同应用在了这篇文章的标题上：《98% 的读者都爱读此文》（*98% of HBR Readers Love This Article*）。[12] 几位行为科学家在纽约市一条人流量较大的人行道上开展的一项著名研究，同样证实了社会认同的巨大影响力。[13] 刚开始，研究人员让 1 名助手站在人行道中央，保持仰望天空的姿势 1 分钟。虽然很多行人都注意到了这奇怪的一幕，但只有少数几个人停下脚步观察这位助手到底在看什么。然而，当研究人员请 5 名助手站在人行道上仰望天空 1 分钟时，驻足观看的行人增加了 3 倍以上。

社会认同在销售中也极为重要。当潜在客户形成判断时，他们会本能地关注与自己相似之人在相同或类似情境中的反应。[14] 当他们看到其他人大都做出某种行为时，他们便会觉得这种行为风险更小，并且更有吸引力。利用社会认同进行框架重构的好处之一是我们的大脑会自然而然地相信那些与我们相似之人所行之事。因此，沃顿商学院认为，社会认同是现代企业与潜在客户建立信任最重要的方式。[15]

引入新框架是利用社会认同的最佳时机之一。这种做法能够让买家对你所分享的内容产生信任感，自然也就提高了他们对你所说内容的接受度，从而为销售成功奠定基础。接下来，让我们看看社会认同究竟能带来何种效果。

“对于那些购买本产品的企业，我通常会建议他们同时购买我们的服务计划。原因在于……”这是一句没有使用社会认同的基本陈述。

现在，让我们利用社会认同进行框架重构来提升这句话：“购买本产品的企业几乎都会同时购买我们的服务计划。原因在于……”

两相比较，我们不难发现后者能够提高建议的可信度，使之更具说服力。下面还有一些利用社会认同引入新框架的例子：

- “那些与你方持有相同顾虑的企业，通常都会选择购买我们的产品。具体原因在于两点……”
- “我即将分享的下一项功能是我方一些大获成功的客户告诉我们的，对他们来说，最重要的一项功能……”
- “大多数人考虑购买此类产品时，都坦言他们最看重的是……”
- “我很高兴你提出了这一关键点。一些大获成功的客户告诉我们，该关键点正是他们选择继续与我方合作的原因……”
- “之所以有如此多的企业选择与我方合作，原因是……”

- “我方许多顶尖客户解决这一问题的方式是……”

在开始利用社会认同进行框架重构时，你可以尝试使用“许多企业”“大多数人”或“我方一些大获成功的客户”等短语。因为对于买家而言，你方客户的共同经验有着重要的借鉴和参考意义。在适当情况下，你还可以向潜在客户分享一些与他们处于类似境况的具体客户的案例，以增强说服力。

现在，让我们将社会认同应用到销售过程中。花时间想一想，你在销售过程的哪个环节经常需要重构框架：或许是当你反复遇到买家以同样的说辞拒绝购买时，或许是当你遇到买家对产品或服务产生常见误解时，又或许是当你必须说明为何你们提供的产品或服务比竞争对手的价格更高时。想清楚之后，请完成下面的练习：

你需要重构的框架：

____

你将如何利用社会认同来引入新框架：

____

情境框架 2：比较优势法

当买家犹豫不决时，你应如何提供帮助？一家投资银行就面临客户迟迟不肯做决定的窘境。这家投资银行发现，该客户的企业保险严重不足，一旦发生意外，整个企业将危在旦夕。对该客户的企业负债进行大规模的研究分析后，该投资银行设计了一份保单。这份保单既能为该客户提供必要的保护，又不存在任何不必要的费用。出于对客户的关心，该投资银行的一位销售主管马克将保单交给了客户。该客户对投资银行为此花费的心血表示了感谢，称这份细心周到的保单正是他们企业所需，但他们仍需要一段时间来考虑。在接下来的几个月里，每当投资银行与该客户联系时，对方都会说他们还需要更多时间才能做出决定。这种情况对客户本身和投资银行都不利——该客户面临风险，投资银行也无法达成销售。更重要的是，投资银行无法确保这位重要客户的财务健康。

马克正是在这段时间参加了霍菲尔德集团的销售培训。在培训中，他了解到我们的大脑会通过比较来降低风险感知，从而思路清晰地做出决策。受此启发，马克认识到为何该客户迟迟不肯做决定：因为对方手头上没有别的保单可与这份保单做比较。此外，这位客户最近才获得飞速发展。在此之前，对方的确不需要购买如此大规模的保险。因此，尽管该客户知道这份保单对企业的可持续发展至关重要，却依旧犹豫不决，也就不足为奇了。

于是，马克决定利用比较来进行框架重构，即在第一份保单的基础上，提供第二份保单供客户考虑。当再次与客户面谈时，马克先回顾了第一份保单的内容，并解释了为什么这份保单能够为对方提供最合适的承保范围。随后，马克又向客户介绍了新保单。新保单的承保范围虽然略低于第一份保单，但仍远超客户目前保单的承保范围，而且保费也更便宜。当马克介绍完，该客户靠在椅子上沉思了片刻后，说道："新保单价格便宜，这一点的确吸引人。但我认为，它提供的保障还不够。我们还是选择第一份保单吧。"于是，这笔 400 万美元的交易就此达成。

为何该客户在比较了两份保单之后，终于做出了购买决定？因为比较是人类的本能，我们的大脑是“比较机器”。当大脑难以确定参照点时，就很难做出有把握的评估和判断。正如上一章提到的“现状偏差”，当对做出某种决定缺乏信心时，我们往往会本能地维持现状，即使这种不作为终将让我们付出更大的代价。同样地，你需要提供比较，使潜在客户确信你的产品或服务才是最佳选择。当然，这并不意味着你需要为每位买家提供大量方案，但你至少要提供一个替代方案。原始方案和替代方案的差异不需要太大。例如，在提供有标准功能产品的同时，提供有额外可选功能的产品；在提供服务期限为 12 个月的合同时，提供一份服务期限为 24 个月的合同。通过为对方提供可挑选的选项，能够使他们所选的方案更具吸引力，并使他们对自己的选择更有信心。

比较也是大脑创造确定性的主要方式之一，而确定性是销售成功的重要因素之一。大量研究表明，当买家能够确定某产品或服务适合他们时，他们往往愿意以更高价格，更爽快地完成购买。[16] 例如，如果我告诉你，我最近花 75 美元买了一个普通订书机，你会认为这是一个好的购买决策吗？可能并不会。而且，你会马上意识到我花了冤枉钱。你之所以会如此判断，是因为你的大脑立即将这 75 美元与你过去购买订书机的价格，或者你在商店里见过的价格做了比较。这种比较让你很容易就判断出这个订书机买贵了。

大量研究表明，除使决策过程更加清晰之外，通过比较来重构框架还能增加购买行为。美国西北大学开展的一项实验中，研究人员要求被试在两款沙发中做出购买选择。这两款沙发除沙发垫有硬软之分以外，其他品质几乎一模一样。[17] 结果，58% 的被试选择了硬垫沙发。随后，研究人员增加了另外 3 款硬垫沙发，让被试从 5 款沙发里面做出购买选择。令人震惊的是，77% 的被试选择了唯一一款软垫沙发。为什么增加了可选的沙发款式之后，被试选择软垫沙发的比例反而提升了呢？这是由于相比之下，4 款硬垫沙发使唯一一款软垫沙发脱颖而出。软垫沙发的销量也因此激增了 83%。另一项研究发现，当销售人员将产品价格与过去客户购买相同产品时支付的更高价格进行比较来重构框架时，销量增加了 65%。[18]

现在，让我们通过实际案例来探讨究竟应如何利用比较来重构框架，从而实现销售额的增长。当潜在客户以“你们的价格太高了”为由拒绝购买时，你可以利用我即将分享的 3 种方法来应对，帮助潜在客户从更有益的视角看待你们的价格。

- **与投资不足的风险进行比较。**“您说得没错，我们的价格的确略高，但这是有原因的。我们的解决方案能为您提供您所需的结果（详细阐述具体结果），这一点我们已达成共识。许多与您处于类似境况的企业都发现，当他们在解决方案上投资不足时，往往会导致他们无法获得理想的结果。最终，他们不得不付出更高昂的代价。难道您不认为，以略高的投资来保证理想的结果才是更优选择吗？”
- **与廉价方案可能出现的问题进行比较。**“我们的客户告诉我们，我们虽不是最便宜的选择，却是最划算的选择。他们同样面对不少更便宜的选择，但便宜自然有便宜的原因。那些报价便宜的供应商，不仅机器故障更加频繁，而且维修费用也更高。选择更便宜的供应商，就意味着您需要一次又一次地为之买单。相比之下，选择我们的话，您根本不用担心此类问题。我们将为您提供质量保证和维保合同，让您再也没有后顾之忧。以前期略高的投资，为日后节省大量的时间和金钱，这难道不是很划算吗？”

- **通过分摊价格来进行比较。**“您支付一次费用，就能在未来 3 年内一直享受我们的服务。如果将 3 年的费用平摊到贵公司每位员工身上的话，那么每位员工其实每天仅需几美元就能享受这项服务。”

思考一下，你在销售过程的哪个环节能够通过比较来重构框架，从而使潜在客户从新的视角看待问题。然后，请在下面的练习中写下你的具体做法。同时，思考一下你能否将“比较”和“社会认同”结合起来，让新框架更具说服力。对此，你可以参考前文的示例。在阐述如何应对潜在客户以“你们的价格太高了”为由拒绝购买时，我在第一个和第二个示例中均结合了这两者。

你需要重构的框架：

____

你将如何利用社会认同和比较来重构框架：

____

情境框架 3：积极效果法

从产品或服务中获得的积极效果是买家做出的每个购买决策的主要驱动因素。那么，我们不妨来探讨一下，应如何通过塑造积极结果，引起潜在客户的共鸣，从而激发他们的购买行为。在一项重要研究中，行为科学家亚当·格兰特（Adam Grant）和大卫·霍夫曼（David Hofmann）分析了向医护人员展示护理患者前洗手益处的最有效方法。[19] 令人担忧的是，医生的实际洗手次数竟不到建议次数的一半，这会使医患双方都面临传播和感染疾病的风险。此前种种提升手部卫生的尝试，大多数以宣传“保护自身免受疾病侵害”的益处为重点。事实证明，这种宣传效果不佳。[20] 格兰特和霍夫曼怀疑，医护人员对清洁规定的接受度不足，是不是此类宣传未能以有效的方式呈现手部清洁的积极效果所致？为了验证这一猜想，他们来到一家美国医院，在放有肥皂和消毒凝胶的地方随机张贴了以下标志。

标志 1：注意手部卫生能够保护您免受疾病侵扰。

标志 2：注意手部卫生能够保护患者免受疾病侵扰。

两个标志仅存在一词之差，却给医护人员的行为带来了截然不同的影响。标志 1 将积极效果定位到医护人员自身，对肥皂和消毒凝胶的使用率没有任何影响；而标志 2 将积极效果定位到患者身上，肥皂和消毒凝胶的使用率提高了 45%。研究人员发现，两者之所以能够造成如此大的行为差异，原因在于医护人员普遍过于自信（本书在第 1 章中对此进行了探讨），高估了自身对疾病的免疫力。有时，即便他们感染上疾病，他们也不会认为这是他们没有注意手部卫生所致，而会认为另有原因。[21] 然而，大多数医护人员都非常关心患者的健康，十分愿意尽己所能提高患者的生活质量。这正是标志 2 能够带来积极影响的原因。

这项研究表明，通常我们认为对他人最重要的东西，其实并不一定能促使他们采取行动。相反，信息越符合受众最关心的实际问题，就越有说服力。认为自己知道他人最看重什么，是许多销售人员经常掉入的陷阱。一项研究显示，高达 77% 的买方高管认为，与他们对接的卖方销售人员根本不了解他们的问题，因此也就无法提出他们所需的解决方案。[22] 换言之，这些销售人员未能以有效方式向买方介绍使用产品或服务后的积极效果。这就导致了买方认为这些产品或服务对他们而言毫无意义。认识不足造成了买卖双方的严重脱节。许多销售人员并没有充分了解买方真正关心的是什么，因此，他们也就无法以一种能引起潜在客户共鸣的方式阐述积极效果。

只有深入了解买方最看重什么，你才不会掉入自以为是的陷阱之中。在漫长的销售周期中，或在向现有客户销售产品或服务时，你需要确保自己始终了解对方不断变化的需求和观点。如此一来，你才能利用对方真正看重的积极结果进行框架重构。掌握下列信息将有助于你深入了解对方的需求：

- 买方面临或者想要避免的具体问题，并且你的产品或服务能够很好地解决这些问题。
- 这些问题在时间成本、金钱消耗、业务增长、资源占用、员工士气及市场份额等方面带来了多大的负面影响。
- 解决这些问题的具体方案及其积极影响。
- 与问题或解决问题相关的内外部驱动因素或企业目标。

掌握上述信息之后，你便能够利用积极效果进行框架重构，进而促使潜在客户按照你的建议采取行动。以我的一位客户为例，虽然这位客户的产品定价高于其主要竞争对手，但产品销量仍远超竞争对手。这家企业的销售人员通过提问，深入了解了潜在客户面临的问题、这些问题带来的负面影响，以及潜在客户希望达到的效果。随后，销售人员有针对性地向对方介绍了他们的产品将如何帮对方解决这些问题。例如，如果买方表明自己面临的问题在于产品维修过于频繁且费时，产品故障会造成巨大的损失，那么这家企业的销售人员就会重点介绍产品的高质量和耐用性，强调终身保修服务，保证买方不会因产品故障而承担任何费用。此外，他们还会强调其产品操作简单快捷，几乎不需要维护。

由于销售人员了解买方最看重什么，所以他们能够更有针对性地利用积极效果来吸引买家，激发他们的购买欲望。记住，**买方并不一定关心你的产品或服务本身，他们真正关心的是哪些产品或服务最能达到他们想要的关键效果**。正如来自哈佛商学院的传奇营销学教授西奥多·莱维特（Theodore Levitt）所说："人们其实不想买一个 1/4 英寸[①] 的钻头。他们只想要一个 1/4 英寸的孔！"[23] 当潜在客户相信你的产品或服务能为他们提供理想的效果时，他们就会主动向你购买。

接下来，让我们做个练习。你可以借此熟悉如何通过向买方传达他们将体验到的积极效果来进行框架重构。

你的产品或服务能为客户解决哪些关键问题？

____

____

为了确定买方正在面临哪些问题，以及这些问题在时间成本、金钱消耗、业务增长、资源占用、员工士气和市场份额等方面给他们带来了多大的负面影响，你将如何向对方提问？

① 1英寸 = 2.54厘米。——编者注

____

____

____

想象某位老客户回答了你刚刚写下的问题。以此为基础，写下你将向对方传达的两种积极效果。

积极效果 1：

____

____

积极效果 2：

____

____

情境框架 4：损失规避法

毋庸置疑，强调你的产品或服务能为潜在客户带来的积极效果十分重要。然而，帮他们理解如果不及时做出改变将会造成何种损失同样重要。引导买方思考他们将会承受何种损失，更能说服对方购买。接下来，我将以一个决策问题来阐明这一点。

想象一下，有人邀请你参与一个“猜硬币正反面”的赌博游戏：如果硬币是正面朝上，那么你将赢得 120 美元；如果硬币是反面朝上，那么你必须支付 100 美元。你会选择参加吗？

该决策问题源自卡尼曼的研究。研究表明，尽管参与者在上述情境中的赢面大于输面，但大多数人还是不会选择参与。[24] 对于我们的大脑而言，损失比收益更具影响力。因此，失去 100 美元的痛苦要远远大于赢得 120 美元的喜悦。[25] 事实上，一些神经科学家对损失规避的影响力展开了研究。他们发现，当潜在收益（200 美元）大约是潜在损失（100 美元）的 2 倍时，人们才愿意参与游戏。[26] **在销售中，向潜在客户阐明购买后能获得的裨益固然有一定的说服力，但向他们揭示能够避免的损失具有双倍说服力。**

研究证实，损失规避对决策有着极大的影响力。[27] 一项发表在《应用社会心理学杂志》（*Journal of Applied Social Psychology*）上的研究比较了损失规避和积极结果对购买决策的影响。[28] 研究人员向两组被试做了销售演示。在针对第一组被试的演示中，研究人员强调了对房子进行隔热处理能节省下的费用。在针对第二组被试的演示中，研究人员则强调了不对房子进行隔热处理将损失的费用。虽然两笔费用的金额完全一样，但第二组被试的成交率要比第一组被试的成交率高出 1.5 倍。不难看出，在金额相等的情况下，损失金钱的可能性远比获得收益的可能性更能对人们的行为产生影响。

此外，一篇发表在世界计量经济学会会刊《计量经济学》（*Econometrica*）上的研究表明，损失规避会让人们在做决策时更愿意承担风险。[29] 这与销售领域息息相关，因为每个购买决策都存在着风险。并且，每个人都有过后悔的购买经历。然而，尽管购买决策本身存在风险，你的潜在客户还是需要你的产品或服务。你的任务就是帮助他们规避风险，让他们理解不购买会造成何种损失（及购买会带来何种益处），从而让他们信心满满地做出选择。

尽管研究表明，损失规避是重构框架最有效的方法之一，但销售人员仍未充分使用这一技巧。这主要是由于他们不知道应如何使用该技巧。接下来，我将介绍一个简单的两步流程，帮你快速上手。

- **第一步，确定潜在客户如果不购买你的产品或服务会面临何种损失。**对方会面临收入、时间、资源或生产力等方面的损失吗？员工士气是否会大大降低？不购买你的产品或服务是否会导致他们失去市场份额或者错失发展机遇？
- **第二步，让潜在客户认识到上述损失对于他们而言意味着什么。**你可以通过量化或货币化的方式，向对方阐明上述种种损失将给他们带来何种影响，从而说服潜在客户做出改变。试想一下，某位销售人员向潜在客户指出，自己公司提供的软件远比对方现有的软件简单快捷且易于操作，平均每天可为对方员工节约 10 分钟的时间。该销售人员还指出，对方有 200 名员工正在使用现有软件，这就意味着每天一共需要损失 2 000 分钟的工作时间。随后，该销售人员又通过将损失货币化，让潜在客户认识到，员工的平均时薪为 40 美元，坚持使用现有软件会导致企业每天损失超过 1 330 美元，每年损失则将超过 31.5 万美元。

下面，我们将在 3 种极具挑战性的销售情境中探讨如何利用损失规避进行框架重构。

- 当潜在客户以你的产品或服务过于昂贵为由拒绝购买时，你可以这么回答：“关键并不在于您为我们的解决方案投入了多少成本，而在于您将从中获得什么收益。您也认可，根据我们之前所做的分析，如果贵公司仍不采取行动的话，将会面临约 200 万美元的损失。我方服务方案所需的费用与 200 万美元比起来，简直不值一提。难道您不认为这是一个十分明智的购买决策吗？”

- 当潜在客户打算忽略问题并拒绝购买时，你可以这么回答：“据您所说，由于贵公司的销售队伍缺乏专业培训，每名销售人员每个月大约会丢掉两笔单子。贵方目前有 10 名销售人员，每单的平均销售额约为 3 万美元。这就意味着缺乏培训导致你们每月损失 20 笔单子，即大约每 30 天就会损失 60 万美元。从长远来看，这将导致贵公司每年损失 720 万美元的收入。贵公司因缺乏训练有素的销售人员而遭受如此严重的损失，难道您不想立即解决这一问题吗？”
- 当现有客户正在考虑寻找其他服务提供商时，你可以这么回答：“3 年前，您在对供应商进行精挑细选后最终选择了我们。这 3 年来，我们不仅使贵方的生产效率大幅提升，还帮贵方节约了 4.8% 的成本。由于我们与贵方的合同将在 4 个月后到期，我想您肯定也正在考虑是否与我们续约。此时此刻，我们必须认识到，双方正处于合作的关键时刻。我们担心的是，如果合作中断，可能会使我们之前共同取得的一些成果付诸东流。更重要的是，我们相信，在未来 3 年内，我们将以现有系统为基础开发出一些新系统，帮贵方将成本再降低 3.2%。如此一来，贵方的成本就下降了整整 8%。我们可不希望您错过这样的机会。”

接下来，我们来练习一下如何运用刚刚所学的方法。请填写下列问题，通过重构框架来应对"你们的价格超出了我方预算"这一常见拒绝方式。

如果潜在客户不购买你的产品或服务，他们将会面临何种损失？

____

你如何将这种损失量化或货币化，从而引起潜在客户的共鸣？

____

____

你将如何利用损失规避法进行框架重构，并以此作为有力理由来促使对方做出购买决策？

____

____

情境框架 5：既有信念法

在面对你想要说服之人时，利用对方的既有信念进行框架重构是最有效的方法之一。行为科学家马修·范伯格（Matthew Feinberg）和罗布·威勒（Robb Willer）曾就如何通过重构框架来说服原本持相反观点的人，开展了一项引人入胜的研究。[30]他们前后进行了 6 项实验，一共邀请了 1 300 多名被试，旨在探索以何种方式说服持对立政治观点的人最为有效。他们发现，在政治辩论中，人们本能地倾向于围绕自己的信念展开论证，并质疑对方的观点。范伯格和威勒还观察到，如果不质疑对方观点，而是通过重构框架使论据与对方的既有信念保持一致，那么人们反而会更乐意接受该政治观点。

这 6 项实验中，有一项是以同性婚姻为主题的。他们发现：如果以公平为论点，做支持同性婚姻的辩论，即强调所有公民都应受到平等对待，那么自由派被试对此的接受程度就会更高；如果对信息进行框架重构，转而强调同性伴侣是一群为美国经济和社会做出了贡献的忠诚爱国人士，那么保守派被试对同性婚姻的接受程度就会更高。

还有一项实验是以美国是否应维持现有军费水平为主题的。他们发现：如果强调军队能使整个国家在国内外团结一致，所以公民应以军队为荣，那么保守派被试就会表示强烈认同；如果对信息进行框架重构，转而强调军费开支能确保穷人和弱势群体享受平等地位，获得美好未来，那么自由派被试就会更加认同。[31]

范伯格和威勒从实验和研究中得出结论：**想要赢得他人的支持，最佳方法不是去质疑对方的信念，而是通过重构，将你的论点与对方的信念联系起来**。如此一来，你不仅可以让对方认识到你的立场有何种价值，还能缩小双方观点之间的认知差距。

不仅在政治领域如此，在销售领域也同样如此。若想通过重构使你要传递的信息与买方的既有信念保持一致，你就必须先了解他们的想法，明确对方对销售关键因素持有的信念。只有这样，你才能抓住重点，一语中的。由于这种重构是为买方量身定制的，所以更能引起买方的共鸣，更能使双方的立场趋于一致，从而实现合作共赢。

以我的一位客户为例。这位客户曾为一家大型企业提供“品牌在线声誉管理（品牌安全）”和“反欺诈保护”这两项服务。然而，这家企业又在同时使用竞争对手的平台来跟踪其数字广告的实际浏览频率（可视性）。当我的客户向这家企业的负责人问及此事时，这家企业的负责人表示，他们认为竞争对手在广告可见性方面实力更强，他们希望在各项服务上都能拥有最佳平台。此时，我的客户是如何做的呢？我的客户通过对整个情境进行重构向该企业负责人解释，他们并没有如愿得到“最好”的。因为“广告可见性”带来的数据洞察力能够使平台提供更优质的“品牌安全”和“反欺诈保护”服务，然而，这家企业在前者上使用了竞争对手的平台，在后两者上又使用了我的客户提供的平台，这就导致他们无法最大化这些服务的效果。通过围绕对方的既有信念（即想要“最好的”）进行框架重构，我的客户得以顺利说服这家企业做出改变。随后，这家企业将 3 项业务都交给了我的客户。这一决定很快便带来了令他们十分满意的结果。

在利用潜在客户的既有信念进行框架重构时，你可以用“您之前提到过……”或者“我们上次见面时，有人分享了……”等语言引入新框架。然后，你需要将对方的既有信念与你的建议联系起来。接下来，我将举例说明。

- “您之前提到过，贵公司培训员工主要以提高客户忠诚度为目标（既有信念）。我方的培训方案旨在提升贵方员工的知识和技能，使他们能够为贵方客户提供更加优质的服务。这自然能够提高客户忠诚度，增加回头客。”

- “您上次在电话中提及，您希望将新开的酒吧打造成顾客用来放松心情、享受美食和观看体育比赛的地方（既有信念）。我认为，购买商用电视将有助于您实现这一愿景。商用电视专为长时间使用而设计，这将确保您能为顾客提供优质体验。”
- “您刚才提到，您的公寓楼厨房主要存在两个问题：缺乏储物空间及抽屉老坏（既有信念）。您还提到，租户老是抱怨这些问题。因此，我不建议您重新粉刷，因为此举既不能解决储物问题，也不能修好抽屉。您不妨重新装修一下厨房，一劳永逸地解决这些问题。”
- “我们在上次会议中达成的一个共识就是只有提高产量才能实现今年的新目标（既有信念）。我担心的是，如果贵方在设备升级方面投资不足，那么你们的产量就很难实现大幅增长，这将是你们承受生产损失方面的巨大代价。通过投资设备升级来提升生产力是确保贵方实现新目标的最佳解决方案。”

现在，请你通过下面的练习来熟悉如何利用买方的既有信念进行框架重构。

你的许多潜在客户对销售关键因素持有的一个共同信念是什么？

____

> 你如何将该信念与你的公司、产品或服务提供的价值联系起来？
>
> ____
>
> ____
>
> 你将如何利用买方的既有信念进行框架重构？请写下具体表述方式。
>
> ____
>
> ____

当潜在客户所持信念对销售及其自身利益均毫无裨益时，你就必须进行框架重构。利用本章分享的 5 种框架重构方法，你就能够以令人信服的方式向客户展示你将如何满足他们的需求。你可能并不需要在一次沟通中同时使用 5 种框架重构方法；这些框架重构方法不仅可以以任意顺序使用，而且适用于销售过程中的任意环节。但请记住，为了最大限度地发挥效果，你应至少连续使用两种方法。

让我们简要回顾一下每种框架重构方法及其作用：

- 社会认同法：将某个想法的说服力与其他人对该想法的反应联系起来。
- 比较优势法：为买方提供另一种视角或选择。
- 积极效果法：使买方认识到接受你的建议能获得何种益处。

- 损失规避法：使买方认识到不采纳你的建议将承受何种损失。
- 既有信念法：将你的建议与买方的既有信念联系起来。

现在，你已经掌握了如何通过重构框架来应对买方的顾虑和无益观点。这意味着你已经准备好将你的销售技能提升到一个新的水平了。在下一章中，我将向你展示如何通过优化流程来提升销售业绩。

让销售业绩翻倍的科学 SELL MORE WITH SCIENCE

- 你塑造情境框架的方式决定了客户能否接受你的销售。
- 销售能否成功，取决于你能否帮助客户以全新视角看待他们的难题。
- 客户并不关心产品或服务本身，他们真正关心的是哪些产品或服务最能达到他们需要的效果。
- 向客户揭示成交后可避免的损失比阐明裨益更有说服力。
- 想要说服客户完成交易，最佳方法是重构而非挑战对方的认知。

SELL MORE WITH SCIENCE

第 6 章

流程优化，提高销售效率的科学路径

在前面两章中，我介绍了如何帮助潜在客户做出购买决定，以及如何重构销售情境。以此为基础，我将在接下来的两章中阐述如何才能取得更大的成功。我们首先需要了解的是，我们的行为如何影响销售对象。我们每个人都会受“基本归因错误”（fundamental attribution error）的影响，即使是从业多年的人也难免如此。这种归因偏差会导致我们低估销售过程对买家的影响。[1] 当我们低估自己的行为对销售结果的影响时，我们就会变得动力不足，不愿努力。因此，我们需要格外注意这种倾向。[2]

数以千计的研究证明，销售人员与买方互动的方式能够在很大程度上影响，甚至决定买方在销售过程中的表现。然而，由于基本归因错误，我们常常会误判看似微小的行为可能产生的重大影响。值得庆幸的是，我们能够借助科学的力量解决这个问题。就像飞行员依靠飞机上的各种仪器来实现安全飞行和着陆那样，我们同样可以依靠科学家们揭示的行为原理更好地驾驭销售的各个环节，避免掉入常见的陷阱之中。本章中，我将分享如何运用科学来为销售流程增效，激发潜在客户的购买欲望。我们先看一个简单的技巧，它对提高效率和销售结果都能起到立竿见影的效果。

第一步：以“热身闲聊”开启沟通

在销售生涯早期，我很少以热身闲聊开启与客户的沟通。热身闲聊指的是在销售互动开始时，买卖双方先进行几分钟非正式的寒暄和相互问候。当时的我喜欢直接进入正题，不想让闲聊妨碍我的工作。直到后来，我才意识到这种做法是错误的。大量科学研究证明，在进行销售或谈判时，即便是简短的热身闲聊，也会使双方的沟通更加人性化，从而增大成功的可能性。

销售是买卖双方的关系成交。**即便买方能够在网络上收集各种产品或服务信息，买卖双方的关系仍然是影响其决策的主要因素。**事实上，这种关系往往比产品或服务本身，甚至报价，更能影响决策。一项发表在《消费者研究杂志》(*Journal of Consumer Research*)上的研究指出，买卖双方之间的融洽程度和信任程度对销售能否达成的影响甚至超过了产品或服务本身。[3]另一项发表在《管理科学》(*Management Science*)杂志上的实验分析了“当卖方提价 20% 时，买卖双方之间的关系对销售结果的影响”。[4]该实验证明，相较于那些与卖方关系不甚融洽的买方，那些与卖方关系融洽的买方接受提价且保持忠诚度的可能性要高 376%。换言之，买卖双方的关系自始至终都十分重要。

热身闲聊过程中产生的积极情绪会渗透到整个销售过程之中，从而自然而然地提升你的影响力。[5]研究人员埃米·卡迪(Amy Cuddy)、马修·科胡特(Matthew Kohut)和约翰·内芬格(John Neffinger)解释说:“越来越多的研究表明，影响力和领导力都是以‘使他人感受到温暖’为基础的。使人感受到温暖，不仅有利于赢得对方的信任，而且能够促进双方交流，促进对方对观点的吸收。”[6]几分钟的非正式交谈会使人们在后续沟通中更愿意分享信息、答应要求。[7]来自斯坦福大学、哥伦比亚大学和西北大学的社会科学家开展了一项名为“闲聊或失败”（Schmooze or Lose）的研究。该研究发现，在沟通中如果不先进行热身闲聊，沟通就更有可能以失败告终。在其中一项实验中，被试需要参与一项极具挑战性的谈判。研究人员要求一半被试在开始谈判前与谈判对象进行简短的热身闲聊，要求另一半被试在谈判开始时就立即进入正题。实验证明，相较于那些直接进入正题的被试，那些先通过“闲聊”与对方建立起更多默契和信任的被试，在谈判中取得有利结果的可能性要高 20.1%。[8]

了解了这一信息之后，我立即将其运用于实践之中。无论之前喜好如何，我都会努力遵循有科学依据的销售方法（在此，我也衷心地建议大家这么做）。我开始通过热身闲聊的方式与买方展开互动，销售业绩很快就得到了提升。

然而，仅仅将热身闲聊纳入销售流程是不够的，以恰当的方式进行热身闲聊才是关键。以下 5 条规则将帮助你开展有效的热身闲聊，为销售成功奠定基础。

规则 1：唤起积极情绪

热身闲聊能够为你与买方的互动定下基调。因此，热身闲聊活动应旨在给买方带来积极、愉快的体验，要避免任何可能会引起反感或争议的话题，可以聊聊体育、家庭、爱好、假期、共同点或天气。以我自己为例。我住在明尼苏达州，那里的冬季非常寒冷。所以，我在热身闲聊时常常会聊到天气。这会让潜在客户心情很好，有时甚至能令他们十分高兴，因为他们居住地的天气往往比明尼苏达州温暖多了。如果你不确定到底应该聊些什么，那么请务必提前做好调查。通过上网快速搜索，你很可能会找到他们评论过的话题。你可以借助这些话题愉快地开启整个销售流程。

规则 2：对话应简短

热身闲聊时，你需展现出自己是一个有魅力、有能力、讨人喜欢且值得信赖的人。但热身闲聊只是销售流程的一部分，因此应尽量简短。经常有人问我，热身闲聊应持续多久，一般来说，我的建议是 2 ～ 5 分钟。如果热身闲聊的时间过长，那么你很可能需要匆匆结束后续的讨论或演讲环节。所以，请一定注意这一点。

规则 3：以买方为中心

热身闲聊需尽量以买方为中心。虽然热身闲聊是以有来有往的方式展开，但你切不可借此机会讲故事或发表长篇大论。你的发言应简明扼要，因为成功的热身闲聊通常都是由买方主导的。如果你主导了这场对话，那么你很可能就会成为这场对话的最大获益者，这就与热身闲聊的目的背道而驰了。

规则 4：不与挖掘信息混为一谈

销售人员常犯一个错误，即混淆热身闲聊和挖掘信息。何谓挖掘信息？挖掘信息指的是销售人员通过向买方提出深层次的问题来了解对方的痛点、购买动机和决策标准。（关于如何深入挖掘对方的信息，敬请参阅《销售的科学》的第 5 章和第 6 章。）

你可以通过热身闲聊与买方建立起融洽的关系，赢得对方的信任，从而使他们愿意与你坦诚相待，愿意分享关键信息。换言之，一次好的热身闲聊能够增大你成功挖掘出对方关键信息的可能性。

规则 5：争取潜在客户时不做热身闲聊

试图开发新客户时，请不要进行热身闲聊。当你第一次接触潜在客户时，通常只有不到 30 秒的时间来吸引对方产生足够的兴趣，从而赢得继续对话的权利。**在争取潜在客户时进行热身闲聊往往会适得其反。**因此，除与潜在客户的第一次互动以外，热身闲聊应成为销售流程的常规环节。

接下来，让我们一起探索另一种提升销售流程效能的方法：分享具有影响力的故事。

第二步：讲故事，让销售演示更生动

在呼吁人们募捐时，会出现一种奇怪的现象：人们往往愿意对某一位受害者伸出援手，而不是去帮助那些数百万陷入同样困境的人。为了解释这一现象，行为科学家德博拉·斯莫尔（Deborah Small）、乔治·罗文斯坦（George Loewenstein）和保罗·斯洛维奇（Paul Slovic）进行了一项富有启发性的研究。在该研究中，他们向两组被试分别展示了下列两种关于饥荒受害者的信息，邀请他们向某个能为受害者提供援助的饥饿救济组织捐款。[9]

- 信息 1：来自非洲马里的 7 岁女孩罗基娅身陷赤贫困境，正面临着严重饥荒乃至饿死的威胁。
- 信息 2：马拉维的粮食短缺正影响着 300 多万名儿童；在赞比亚，降雨严重不足导致玉米产量下降 42%……因此，大约有 300 万赞比亚人正面临饥荒。

尽管上述两种情况都令人感到心碎，但单从逻辑上讲，我们理应感到自己更有义务向数百万名儿童伸出援手，而非只援助某一个人。然而实验证明，了解信息 1 的被试比了解信息 2 的被试向救济组织多捐了 140% 的钱。为什么我们会更易受某个人的故事影响呢？研究人员认为，这是因为“可识别受害者”（identifiable victims）比“统计型受害者”（statistical victims）对人们产生的影响更大。**换言之，向客户展示统计数据固然是个不错的方法，但用真实案例或故事鲜活地呈现数据更能打动人心。**

无论是试图吸引捐赠者的非营利组织，还是试图吸引决策者的销售人员，通过能引起对方共鸣的故事和案例研究来展示相关事实、统计数据及价值主张，都会更具说服力。并且，以这种叙述方式来传递信息，同样会对买方有好处。分享实际案例能够提升潜在客户的参与程度和他们对这些信息的信任程度，增强他们对这些信息的理解和记忆。[10] 许多客户在与我达成合作的一两年之后告诉我，我分享的故事令他们印象深刻且深受影响。

我们大脑处理故事的方式决定了故事具有极强的说服力。[11] 将事实或价值主张嵌入故事之中，这种方式绕过了大脑对说服性信息的典型抵触和反驳倾向。[12] 这正是故事和逸事能够以事实和统计数据都无法做到的方式影响人们的原因。[13] 正如科学家丽贝卡 · 克劳斯（Rebecca Krause）和德里克 · 拉克（Derek Rucker）解释的那样：“将信息作为故事的一部分传递给人们，会使人们较少对此产生负面想法。因此，当事实被嵌入故事而非单独呈现时，会更具说服力。”[14]

尽管在销售过程中利用故事传递信息十分有效，大多数销售人员却较少，甚至根本不使用这种方法。实际上，这正是买方对销售人员最不满意的地方。研究和咨询公司 Forrester 的报告称，78% 的买方表示，销售人员未能以足够的实例或案例来帮助他们深入了解产品或服务的价值。[15]这意味着你的潜在客户需要的不仅仅是确凿的事实。他们希望你能通过分享逸事的方式，向他们阐述其他与他们相似的客户从你的公司、产品或服务中体验到的结果。此举还能激活社会认同的力量（本书第 5 章对此进行了探讨），使得潜在客户更有可能选择与你合作。

接下来，让我们通过本书第 4 章介绍的“销售 6 问”，练习如何在销售演讲中融入具有说服力的真实案例。此处，我们先回顾一下“销售 6 问”。然后，请思考清楚你认为真实案例能帮助你更有效地应对哪一问。最后，请针对该问撰写出你的故事。

“销售 6 问”：

1. 为什么要改变？
2. 为什么是现在？
3. 为什么选择你所在行业的解决方案？
4. 为什么选择你和你们公司？
5. 为什么选择你的产品或服务？
6. 为什么购买？

如果你不知道应该选择哪一问，那么请考虑以下 3 个问题：

1. 你是否曾遇到过某位客户不愿对某一问做出承诺？最终的结果如何？
2. 是否有哪位客户所处的情境使之自然而然就对某一问做出了

承诺？

3. 你在应对哪一问时曾取得过出色的结果？

在你决定好要通过讲述故事来解决哪一问后，请回答下列问题。这些问题能够帮助你针对该问撰写出打动人心的故事。

你将通过故事来应对“销售 6 问”中的哪一问？

____

故事的要点是什么？你希望买方如何回应？

____

____

你将如何引出故事？

____

____

故事的关键点是什么？

____

____

你将如何结束故事？

____

____

完善故事之后，你可以与同事探讨一番，了解他们有什么故事，以及他们在销售时会如何讲述这些故事。与我合作的企业中，有些企业的销售团队会让每位成员撰写一到两个真实故事，然后互相分享。如此一来，每位成员都有大量可供选择的真实案例，整个团队的销售演讲也因此更加打动人心。

精准成交的实践 SELL MORE WITH SCIENCE

3 个技巧，让你撰写令人信服的故事

1. 故事应简洁。故事的讲述时间以 30 秒～ 2 分钟为宜。如果你的故事超过了 2 分钟，请进行精简。最佳案例通常都是短小精悍的。

2. 讲述故事应讲究策略。你会在演示的哪个环节分享那些可能没那么有吸引力，但对客户理解业务至关重要的数据？这是运用趣闻轶事或假设情境将此类信息鲜活呈现出来的绝佳机会。你是否能用某个真实案例来传达一个有意义的价值主张，从而让买方充分理解并认可呢？将你的故事与“销售 6 问”中的某一问或几问联系起来不失为一个好方法。

3. 每个故事都应有唯一要点。通常，销售人员会在讲述故事时试图强调多个要点，最终导致任何一个都没有表达清楚。因此，你的故事应只突出某一个重要观点。如果你不确定究竟应突出哪个观点，你可以问问自己，你希望潜在客户听完故事后获得何种信念或者采取何种措施。这能帮你剔除冗余或杂乱信息，输出强有力且要点突出的故事。

第三步："助推提问"，引导买方签单

以恰当的方式向买方提供选择，同样能够对销售起到助推作用。例如，如果有人向你提供一种新饮料的免费样品，以此换取你的电子邮件地址，你会选择交换吗？你很可能会和大多数人一样选择拒绝。

在社会心理学家桑·博尔坎（San Bolkan）和彼得·安德森（Peter Andersen）开展的实验中，67% 的被试都选择了拒绝。[16] 然而，当研究人员在提出交换之前先问被试"您认为自己是一个喜欢冒险、喜欢尝试新事物的人吗"时，几乎每位被试都给出了肯定的回答。随后，当研究人员再提出以免费饮料样品交换电子邮件地址时，竟然有 75% 的被试选择了交换。也就是说，对第一个问题的肯定回答使得被试倾向于在回答第二个问题时不自食其言。

博尔坎和安德森的另一项研究也产生了类似的结果：当他们询问被试是否愿意参与某项调查时，只有 29% 的被试答应参与；而当他们先问被试"您认为自己是一个乐于助人的人吗"之后再向被试提出调查邀请时，有 77% 的被试答应参与。

为什么在提出请求之前询问某些问题会对对方的回应产生如此大的影响？科学家将这种提问方式称为"助推"（nudge）。助推能够引导人们在无意识中做出某种决定。该术语由理查德·塞勒创造并使之广为人知。他将"助推"定义为：一种在不限制个体自由选择的情况下，以可预测的方式改变人类行为的干预手段。[17] 由于助推能够对决策产生极大的影响，故被广泛应用于金融、医疗、教育和政府等体系中。英国政府甚至成立了一个"助推部门"（Nudge Unit），用于改善公民的健康，增进财富和福祉。[18]

在销售过程中，我们同样可以通过助推来引导潜在客户。[19] 其中一个具体方法就是让潜在客户准备好以积极方式解读和回应后续信息。例如，在销售演讲中分享了与你们公司相关的信息之后，你可以在试图获得买方对“第 4 问”（为什么选择你和你们公司）的承诺时，利用评估问题进行助推，如“许多与贵公司类似的公司选择与我们合作，是因为双方的友好合作带来了极佳的结果，您也这样认为吗”。当潜在客户给出肯定回答之后，你便可以通过“根据您对我们公司的了解，您觉得我们是这个项目的最佳供应商吗”之类的问题请求对方给出承诺。由于你已经帮助潜在客户思考清楚并口头确认了该承诺所基于的价值主张，这就意味着你已经通过助推让对方做好了给出承诺的准备，因此你将更有可能获得承诺。

下面是另一个将助推和请求承诺相结合的例子：

> 助推：“我们之前讨论过，我们公司能够提供高品质的客户服务，而且有着极高的客户满意度，这些是否符合您对供应商的期望？”
>
> （买方给出肯定回答）
>
> 请求对方给出承诺：“既然如此，您是否愿意向贵方董事会推荐我们？”

接下来，轮到你了。试想一下，你正在与买方沟通，你已向对方分享了你们公司能够为他们提供的主要价值。此时，你可以通过什么评估问题助推，让买方做好给出承诺的准备？请记住，该助推应能引导对方认同承诺所基于的价值主张。

助推：

____

____

现在，请借助从助推中获得的动力，请求买方给出承诺。

请求对方给出承诺：

____

____

练习了如何利用助推获得对方的承诺后，接下来，你可以在销售过程中寻找更多此类的机会。

另一种使用助推的方法是设置“默认选项”，即预先设定行动方案，除非对方刻意选择拒绝或退出，否则我们预设的行动方案会自动生效。[20]这种助推方式符合人们维持现状的自然倾向（即本书第 4 章讨论过的“现状偏差”）。你同样可以利用“默认选项”这一助推来提高销售额。例如，与其让潜在客户在产品或服务的各种功能之间进行自由选择，不如设计一些套餐，将某些选项捆绑在一起，让他们直接选择套餐。或者，与其在买方购买产品后再向他们推销一份服务合同，不如直接在销售产品时绑定一份 12 个月的服务合同，让买方选择是否需要升级到 24 个月。如此一来，你便可以将 12 个月的服务费直接纳入产品价格之中。此举不仅可提高你的平均销售额，也为客户提供了更多价值，为他们创造更大的成功奠定了基础。以上只是使用“默认选项”来助推的两个例子。

要想利用“默认选项”助推，必须先了解清楚在哪些方面可以将产品与服务进行关联，或将产品与服务及其他选项捆绑销售。请务必思考清楚，因为此举将带给你巨大的回报。我的一些客户在使用“默认选项”后，平均销售额增长了 9% ～ 43%。

精准成交的实践 SELL MORE WITH SCIENCE

通过助推实现养老金计划

除销售领域以外，助推在各种各样的领域都发挥着作用。我最欣赏的案例来自由什洛莫·贝纳茨（Shlomo Benartzi）和理查德·塞勒主导的研究项目。在该研究中，他们利用名为“为明天储蓄更多”（Save More Tomorrow）的财务助推计划，提升了雇员的养老储蓄率。[21] 该计划要求参与者将未来的加薪用于养老储蓄。由于参与者可以将储蓄推迟到加薪之后，78% 的人都选择了加入该计划。而由于储蓄被设置成默认选项，每次加薪都会自动进入储蓄账户，所以参与者无须采取任何额外行动即可持续参与该计划。最重要的是，该助推计划能够给参与者带来极大的裨益。在为期 40 个月的研究过程中，参与者的储蓄率提高了近 3 倍！

第四步：让买方“做主”，传递信心

最后一种助力销售的方法是让潜在客户对其购买或不购买的决定产生主人翁意识。对某物的主人翁意识能让人感知到更高的价值，这种价值甚至会超过事物本身的价值。在一个经典实验中，部分被试得到了一个咖啡杯，并被告知他们既可以保留这个咖啡杯，也可以选择卖掉它；另一部分被试则被告知他们可以从被试“卖家”那里购买一个咖啡杯。[22] 随后，研究人员询问了被试“卖家”他们愿意出售咖啡杯的最低价格，又询问了被试“买家”愿意给出的最高价格。实验中，“卖家”的最低要价是“买家”最高出价的 2 倍。这是由于被试“卖家”对咖啡杯已经产生了主人翁意识，这使得他们赋予了这些杯子更高的价值。两位社会科学家也得出了类似结论，他们发现：人们愿意以 31 美元的价格购买狩猎许可证；然而一旦获得该许可证，他们就不会愿意以低于 143 美元的价格转卖该许可证。[23]

主人翁意识对财务决策产生的影响可以用一个行为经济学原理来解释，即“禀赋效应”（endowment effect）。禀赋效应指的是我们倾向于对已拥有或产生主人翁意识的物品赋予更高的价值。[24] 禀赋效应不限于我们所购买的物品，也适用于我们所创造的物品。[25] 行为科学家迈克尔·诺顿（Michael Norton）、丹尼尔·莫琼（Daniel Mochon）和丹·阿里利（Dan Ariely）开展了一项实验，要求部分被试组装一个盒子，要求另一部分被试检查组装好的盒子。[26] 随后，他们询问每位被试愿意花多少钱购买盒子。结果，相较于检查盒子的被试，组装盒子的被试愿意支付的金额足足高出 63%。[27] 这项研究清楚地表明，仅参与创造某物品就能够激发参与者的主人翁意识，并极大地影响他们对该物品的赋值。

那么，我们在销售中应如何利用禀赋效应呢？激发潜在客户主人翁意识的一个简单方法是抛出评估问题（本书第 4 章已探讨过），促使对方描述出他们理想的产品或服务。例如：

- “我们讨论过的两种服务选项，您认为哪一种最适合您的组织？”
- “您刚才提到了深度报告的重要性；我们可以通过添加这项功能来为贵方提供深度报告。我是否应将它纳入提案中？”
- “大多数公司会和我们签署为期 2 年的维修计划；同时，我们也提供为期 3 年的维修计划方案。您更倾向于选择哪一种？”

评估问题（比如我刚才提到的那些）能够帮助买方明确他们的需求，从而激发他们对最佳解决方案的主人翁意识。在理想情况下，这个解决方案就是你的产品或服务。

你还可以通过帮助潜在客户制定“购买标准”，进一步激发对方对你所提供的产品或服务产生更强烈的主人翁意识。“购买标准”是潜在客户的具体要求清单，以及对方用于甄别哪家公司、哪种产品或服务更合适他们的方法。一旦对方制定了这份清单，他们就会以此为标准，评判每一个潜在的解决方案，包括你提供的方案。

你可能会想，为什么买方会需要销售人员帮他们明确购买标准呢？原因有以下几点：有的时候买方虽然知道他们需要某种解决方案，却并不清楚究竟何谓最佳解决方案，作为他们信任的销售人员，你应帮他们认清真实需求。还有的时候，对方可能已经制定了一份“半成品”清单，但没有充分考虑到后续必须满足的每项功能或条件。无论是哪种情况，这都为你提供了一个帮其明确需求的绝佳机会。你可以通过提供见解，引导对方一步步完善能够满足他们所有需求的清单，并向他们展示你的产品或服务能够满足这些需求。

以这种方式为买方提供帮助能起到“一箭三雕”的作用。首先，这种方式能够激活禀赋效应。由于潜在客户在确定最佳解决方案一事上发挥了关键作用，他们自然会对该解决方案产生更强的主人翁意识。其次，这种方式还能使你从他们接触的销售人员中脱颖而出。因为一旦深入了解了买方的需求之后，你便可以为对方量身定制演示方案，从而更加清楚地展示你的公司、产品或服务将如何满足其确切需求。最后，这种方式还能让买方产生一种最重要的感觉：确定感。一旦对方对你的公司、产品或服务产生了确定感，他们就会对选择和你达成交易这一决策充满信心。

你可以通过以下 3 个步骤帮助潜在客户制定购买标准，激发他们对此产生主人翁意识。

步骤 1：引入购买标准并征求买方意见

在销售中引入购买标准时，你需要解释自己这样做的原因，并征求买方的意见。如此一来，你便能获知买方已经确定了哪些最佳解决方案必须具备的条件。事实上，买方此时能够提供的标准越多越好，因为这会让他们觉得这份清单是真正属于他们的清单，而不是一份由你制定、他们仅予以认可的清单。

你可以通过以下表述来引入购买标准并征求对方的意见：

- “到目前为止，我们已经沟通了不少内容。现在，让我们来总结一下。在您看来，最佳解决方案需要有哪些主要功能或特点？”

- “为了给贵方提供最大的价值，我想了解一下，您认为最佳解决方案应做到哪几点？”

步骤 2：通过提供见解来完善购买标准

很少有买方能考虑到解决方案中所需的一切。这正是你的用武之地。你需要帮助他们思考清楚该解决方案是什么样子。你可以提供建议帮助对方完善购买标准，为赢得业务奠定基础。你可以通过以下表述来引入他们需要考虑的细节：

- “与我们合作的许多其他公司都曾提及一点……对您来说，这点也很重要吗？”
- “我想听听您对……的意见。您希望解决方案里面包含这一项吗？”

步骤 3：确认购买标准

当潜在客户制定好购买标准之后，你需要确保他们对这份清单有主人翁意识。这一点至关重要。因为如果潜在客户缺乏这种意识，禀赋效应就不会被激活，他们也就不会认为这份清单有多大的价值。你可以通过口头重复这些购买标准，向他们确认。例如：“我想确认一下，在您看来，最佳解决方案需要包括（此处列出具体标准）。对吗？”对于客户而言，这也给了他们再次考量，并对这些标准进行补充或删减的机会。

了解了购买标准背后的科学原理及其要素后，我们来看看它在销售情境中的具体运用。接下来，我将通过一个买卖双方互动的例子来展示如何利用购买标准促进销售。

卖方：为了给贵方提供最大的价值，我想了解一下，您认为最佳解决方案应做到哪几点？

买方：我们目前的系统有很多问题。它过于复杂，员工不愿意使用。即便使用了该系统，我们也没看出有任何作用，因为它早已过时。而且，它与我们的其他系统和软件平台都不兼容。

卖方：好的，我已经记下了这些问题。几分钟后，我将分享我方系统的简易操作流程，以及我方系统与贵方其他系统和软件平台极强的兼容性。除此以外，您认为最佳解决方案还应包括哪些关键内容？

买方：没有了。我想我们目前发现的主要问题就只有这些。

卖方：与我们合作的许多其他公司都曾提及系统的安装过程对他们也非常重要。他们希望新系统的安装无须中断他们的业务。对您来说，这点也很重要吗？

买方：的确，我很高兴你提到了这一点。我听说，有些新系统在安装时给一些公司带来了巨大的损失。我们不希望看到此类事情发生。

卖方：好的。最后，我想听听您对系统维护这方面的意见。许多与贵方情况类似的公司告诉我们，他们希望供应商能在系统出问题时迅速解决问题，尽量不要影响到他们的业务。供应商能在系统出问题时迅速解决，这一点对您来说也很重要吗？

买方：这一点非常重要。我们希望供应商能为系统提供高质量的售后服务。

卖方：很好。我了解了，贵方理想的解决方案主要包含3点。首先，新系统操作起来必须简单易行，并与贵方其他系统和软件平台有着极强的兼容性。其次，新系统的安装既不能导致贵方业务出现中断，也不能给贵方造成任何问题。最后，您希望您选择的供应商能够提供优质的售后服务。对吗？

买方：没错，这正是我们理想的解决方案。

卖方：很好。接下来，我们来了解一下我方提供的系统和服务，我将为您详细阐明上述3点。

买方：行。

一旦帮助潜在客户制定了购买标准，并激发了他们的主人翁意识，他们就会更容易感知到你提供的价值。不仅如此，这种方式还能使潜在客户对他们的购买决定充满信心，使他们相信，他们正在做出最符合他们最大利益的购买决定。

接下来，让我们将刚刚所学的知识付诸实践。首先，你需要确定你们提供的解决方案有哪些与潜在客户的购买标准相吻合的主要优势。请列出4点。

1. ________________________________

2. ________________________________

3. ________________________________

4. ________________________________

现在，请你回顾一下我刚刚分享的买方与卖方的互动，并根据自身需要对表述进行修改。然后反复练习，直到熟练掌握。在实际销售情境中，你会发现这种方式不仅能让买方感知到你提供的价值，还能让他们对你提供的解决方案产生确定感。这将自然而然地引导他们信心十足地做出积极的购买决策。

本章介绍了一些能够帮助你将销售提升至全新水平的有效方法。在下一章中，我将分享 3 种不同寻常但极为有效的策略，帮助你进一步提升销售业绩。

让销售业绩翻倍的科学 SELL MORE WITH SCIENCE

- 即便客户能够独立收集产品信息，但买卖双方的关系仍然是影响成交的关键因素。
- 热身闲聊是开启销售对话的好策略，但在争取潜在客户时使用会适得其反。
- 向客户展示统计数据有助于达成交易，但分享真实案例往往更打动人心。
- 帮助客户制定购买标准，有助于激发主人翁意识，让他们更容易感知到产品价值。

SELL MORE WITH SCIENCE

第 7 章

非常规武器，提升销售额的 3 大“奇招”

你能用直线将下面的 9 个点连起来吗（见图 7–1）？

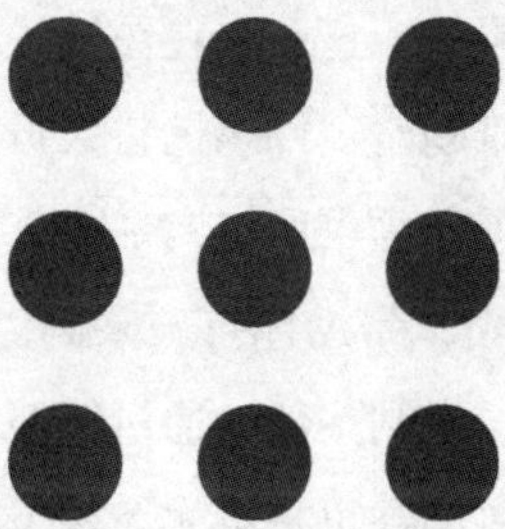

图7–1　九点谜题

你可能会想：这还不简单！先别着急，这道谜题还有 3 个要求：你最多只能画 3 条直线，每个点只能经过一次，笔不可以离开纸面。现在，请花点儿时间看看你是否能解出来。

这道谜题看似不复杂，但挑战性也不低，因为我们的大脑会本能地在这些点的周围强加一个假想的框来创造秩序。问题是，当你试图将 3 条线限制在这个假想框的范围之内时，这道谜题便无法解开。只有当你意识到你必须“打破限制，跳出框架”时，谜题才能迎刃而解（见图 7–2）。

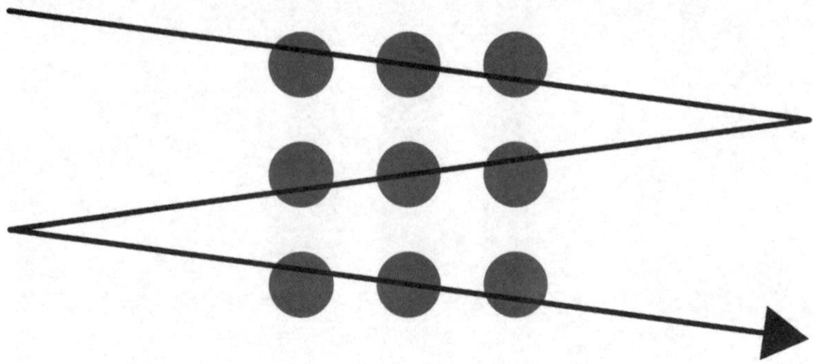

图7-2 九点谜题解法

这道经典谜题被称为“九点谜题”，至少可以追溯到1914年。我之所以在此分享它，是因为该谜题展示了我们是如何无意识地给自己设限，从而阻碍自身获得理想结果的。这一点在销售领域中体现得尤为明显。在试图解决当今复杂的销售难题时，许多销售人员都会依赖早已过时的传统思维。若想保持领先，你就必须采取以实证为基础的创新做法。本章将介绍3个出奇制胜的非凡策略，帮助你打破限制。正如“九点谜题”那样，有些策略乍看起来很简单，实则不然。通过练习掌握它们，你将比竞争对手更具优势，赢得销售的可能性也将更大。接下来，我们先来看看如何通过介绍产品或服务的负面信息来提升销售额。

奇招1：善用“瑕不掩瑜效应”

或许你会觉得通过介绍产品或服务的负面信息来提升销售额的想法太荒谬了。先别着急下定论。行为科学家达尼特·艾因-加尔（Danit Ein-Gar）、巴巴·希夫（Baba Shiv）和扎卡里·托马拉（Zakary Tormala）研究发现，利用“瑕不掩瑜效应”（即在对产品或服务做正面描述时呈现少量负面信息）能够增强消费者的信任感，进而增大购买的可能性。[1] 当研究人员在实验中向被试展示产品时，他们给第一组被试只分享了正面信息，给第二组被试分享了同样的正面信息及一个负面细节。结果，第二组被试的购买率远远高于第一组被试。

虽然有悖于直觉，但如果运用得当，“瑕不掩瑜效应”能增强买方的信任感。你愿意坦诚地谈论产品或服务的任何不尽如人意之处，这无疑表明了你是一名诚实可信且以买方利益为重的销售人员。[2] 此举还会增强买方对产品或服务的安心感，因为他们认为自己对产品或服务有了准确且全面的了解。相反，如果销售人员只分享正面信息，那么买方就会怀疑他们有所隐瞒。这会增加买方感知到的风险，进而减小购买的可能性。

然而，在分享关于产品或服务的负面信息之前，请将以下几点注意事项谨记于心。首先，只有当你分享的负面信息不涉及其“核心价值主张”时，“瑕不掩瑜效应”才能发挥作用。[3] 换言之，只有当负面信息对潜在客户来说不是很重要时，你才能采用该策略。比如说，某位潜在客户正在寻找一种能供员工随时使用的线上培训解决方案。如果你获知“技术支持服务时间仅限于正常工作时间”这一点对潜在客户而言并不重要，那么在向对方强调你的培训解决方案既满足线上又可以全天候使用的同时，你大可分享“技术支持服务时间受限”这一信息。

因此，只有当你详细了解买方的关注点，知道你能满足其所有基本需求之后，你才能使用该策略。毫无疑问，如果你分享的负面信息正是他们看重的关键之处，就很难达成合作。毕竟，如果你告诉买方你提供的产品或服务没有他们尤为需要的功能，那对方又为什么要购买它呢？而且，明知自己无法满足对方的需求仍去推销，这种做法既徒劳又不道德。因此，尚处于了解买方需求的阶段时，请不要尝试运用“瑕不掩瑜效应”。只有在销售后期，已经完全掌握了买方的需求和观点之后，你才可以使用该策略。

只有在分享完正面信息之后，立即分享负面信息，这一策略才能成功。两者产生的对比，会使产品或服务的优点显得更加突出。正如艾因-加尔、希夫和托马拉所说："个体在接收到正面信息之后再接收少量次要的负面信息，这些负面信息反而会对正面信息起到凸显的作用。这使得正面信息更具吸引力，最终促成更多的正面评价。"[4]

若想运用"瑕不掩瑜效应"，你不妨先问问自己：在介绍完产品或服务的重要优点之后，你还可以披露哪些无关紧要的负面细节？切记，要根据潜在客户的具体情况来调整你分享的内容。因为每位潜在客户的关注点都各有不同。如果实施得当，该策略能使对方感知到产品或服务的更多价值，提升他们对你的信任程度，增加双方的合作机会。

奇招 2：注重非语言沟通

如果你知道你与他人的大部分沟通都是非语言的，你是否会感到惊讶？迄今为止，最著名的两项关于沟通的研究发现：人们沟通的信息只有 7% 是通过语言传递的。[5] 这两项发表于 1967 年的研究，揭示了非语言信号是沟通过程中不可或缺的一部分。[6] 此后，数百项研究进一步证实，非语言沟通在很大程度上影响着人们对信息的感知。[7] 事实上，我们约有 90% 的情绪以非语言形式传递。[8]

在攻读硕士学位期间，我第一次意识到非语言表达对沟通过程产生的重要影响。当时的我已然对非语言沟通的重要性深信不疑，并将其作为毕业论文的核心研究方向。从那时起我就发现，有效的非语言沟通能够自然而然地提高销售人员的业绩。高效非语言沟通的主要障碍在于与人们高度监控和过滤的语言沟通不同，大多数人很少审视自己的非语言信号。[9] 销售领域也不例外。事实上，大多数销售人员并不清楚自己的非语言行为向潜在客户传达了什么信息。然而，销售人员的一切沟通细节都十分重要。[10] 当销售人员表现出无益或令人不悦的非语言行为时，销售效果就会受损。因此，你必须有意识地管控非语言传达的信息。以下是使用非语言沟通的 4 个实用技巧。

技巧 1：以停顿，促销售

埃德·泰特（Ed Tate）是北美顶尖的专业演说家和演讲教练。我还记得我第一次看他发表获奖演讲时，他一言不发就吸引了全场所有人的注意力。在利用战略性停顿来吸引观众、强调重点这方面，泰特是当之无愧的大师。

善用战略性停顿，能够有效地提高效率。普通停顿与战略性停顿的区别在于演讲者能否在发表完一段演讲后刻意稍做停顿，让信息接收者有时间仔细思考。**短暂的沉默能够给买方留出思考时间，从而进一步提高他们的参与程度及对信息的理解程度。**[11] 教育心理学家雷蒙德·沃德科夫斯基（Raymond Wlodkowski）解释道：“停顿可以大大提升语言教学的效果。你可以利用停顿形成有声与无声之间的强烈对比，以此吸引学生注意、示意学生认真听讲、强调关键之处、提供思考时间、设置悬念、引发期待等。”[12]

想要像演讲家那样停顿，你需要掌握以下 3 个方法：

- **规划好停顿之处。**在演讲中适时停顿的最大好处在于它能够暗示买方你刚才分享的信息十分重要，鼓励他们利用这段时间来仔细琢磨，从而增大他们深入思考并认同你传达的信息的可能性。[13] 若想使战略性停顿更加有效，你可以尝试事先进行规划。确定好在哪里停顿，然后练习几次。你会发现，只要事先规划好并勤加练习，你的停顿技巧就会越发自然，越发纯熟。不久，你的大脑甚至会在陈述完关键细节后，自动插入停顿。

- **停顿不宜过长。**科学家克里斯蒂娜·伦德霍尔姆·福斯（Kristina Lundholm Fors）认为，停顿不应超过 4 秒。福斯开展的一项发人深省的研究证实，停顿时间超过 4 秒就会分散听众的注意力。[14] 她还发现，最有效的停顿时间是 0.5 ～ 3 秒，这种停顿既能吸引听众注意，又能促使他们对听到的内容进行思考。
- **以停顿代替填充词。**诸如“嗯”“啊”“呃”之类的填充词不仅无法给谈话增添任何价值，反而会分散对方的注意力。社会心理学家发现，填充词会显得说话者对自己所说的话没有信心，降低说话者的影响力和可信度。[15]

每当你尚未想好接下来要说什么时，我建议你稍做停顿，整理一下思路。这将帮你避免使用“嗯”“呃”等含糊其词的表达方式，使你的演讲变得更有说服力和影响力。如果你不确定自己在销售时是否经常使用填充词，那么你可以在下一次演讲时全程录音，然后细听一遍并数数你用的填充词。或者，你也可以在下一次与买方进行沟通时，邀请某位同事旁听，记录下你在何时使用了哪些填充词。你很可能会发现，你使用填充词的频率比你想象的要高。了解自己使用填充词的频率是改掉该习惯的第一步。我们大多数人每天都会使用填充词，只有多加练习才能改掉这一习惯。然而，一旦形成以停顿来代替填充词的新习惯，你的演讲就会更具说服力。

技巧 2：以眼神，促销售

眼神交流是最重要的非语言行为之一。[16]在世界各地的诸多文化之中，眼神躲闪往往都是一种不诚实的表现。人们会认为不愿进行眼神交流的人是在试图隐瞒什么，不论事实是否如此。[17]直接而自然的眼神交流，则会给人留下自信、值得信赖的印象。[18]社会心理学家戈登·赫姆斯利（Gordon Hemsley）和安东尼·杜布（Anthony Doob）主导的一项实验很好地证明了这一点。他们创设了一个模拟法庭，用于分析眼神交流会在陪审员评估证人的证词时产生何种影响。[19]实验中，一组陪审员观察到证人经常与律师进行眼神交流；而另一组陪审员则观察到证人在做证时目光躲闪。实验证明，陪审员会认为目光躲闪的证人不值得信赖；因此，由这些证人做证的被告被判有罪的可能性也要大得多。这项研究表明，不进行眼神交流会让他人对你传递的信息持怀疑态度。

不仅如此，人们往往会认为愿意进行眼神交流的沟通对象更加聪明。[20]一项发表在《心理科学》（*Psychological Science*）上的研究称，当发言者在谈话过程中与对话参与者进行眼神交流时，对方会更加投入，更加专注；当发言者停止眼神交流时，参与者就会分散注意力，转而关注其他事物。[21]研究人员通过一项基于 49 项科学研究的元分析，评估了非语言行为在说服他人遵守要求时产生的影响，结论是：在说服过程中，诸如眼神交流等非语言行为，与言语本身同等重要，在某些情况下甚至比言语更有影响力。[22]

当我们与人进行眼神交流时，应注意以下 5 点：

- **与在场的每个人都进行眼神交流。**当销售人员同时面对多名客户时，他们很容易将注意力集中在最活跃、健谈的人或者级别最高的管理人员身上。优秀的销售人员则会与在场的每个人都进行眼神交流，表明他们关注的是整个团队，并确保对方每位成员都能感到被重视。

- **将注意力集中在买家身上，切勿盯着笔记或幻灯片。**眼神交流能传达出你的诚意及你对演示内容的信心。因此，你应将演示内容烂熟于心，以便在与买方沟通时更好地进行眼神交流。虽然你并不需要一直盯着对方，但如果你频繁地盯着笔记，那只能证明你没有做好充分准备。你自始至终都应将注意力集中在销售对象身上，与对方进行眼神交流。
- **线上销售时，看着摄像头。**当你通过网络会议平台或视频通话开展线上销售时，你可能会本能地想看屏幕上买方的脸。但如果摄像头的位置偏离你的视线，对方会觉得你在看向其他地方。为了避免这种情况，请尽量直视摄像头。如此一来，对面的所有人都会感觉你在与他们进行眼神交流。虽然刚开始这会让你感觉有些奇怪，但通过练习，你很快就会习惯。更重要的是，此举不仅能让你更容易与买家互动，还能表明你将全部注意力都集中在对方身上了。
- **买方说话时，也要保持眼神交流。**许多销售人员会在买方发言或给出回应时中断眼神交流，转而去看笔记或准备接下来的回应。这种常见的错误行为会让买方觉得你没有认真倾听他们发言。这不仅会破坏双方的关系，还会降低他们对推进合作的信心。
- **语言表达和非语言表达保持同步。**当你向一个团队做销售演示时，保持多久的眼神交流较为合适？此时，你应尽量使语言表达和非语言表达保持同步。我建议，以一到两句话传达特定观点时看着对方的眼睛；一旦分享完观点，你便可以在转入新话题的同时转换目光。如此一来，你的语言信号和非语言信号便能保持同步，潜在客户会认为你既有能力又值得信赖。

技巧 3：以微笑，促销售

简简单单的微笑在销售中能带来诸多益处。微笑不仅会使你看起来更有魅力，帮你与对方建立联系和友谊，还能自然而然地改善你的心情。[23] 微笑也能让他人觉得你既友善又能干。[24] 许多研究都已证明，在求职面试中微笑能营造良好的第一印象，增加被录用的机会。[25] 微笑还能帮助你建立融洽的关系，传递积极的情绪，使你更具说服力。[26]

微笑还具有传染性。当我们看到别人微笑时，甚至看到某人微笑的照片时，我们很可能也会微笑起来。[27] 这是因为人类大脑中有镜像神经元，它能让我们模仿观察到的行为。[28] 微笑会让买卖双方都处于更乐于倾听、更愿意接受对方观点的情绪状态。因此，笑一笑吧！当对方回报以微笑时，不仅会改善你们之间的关系，还将提升你赢得销售的概率。[29]

既然微笑既简单又有益，那么为什么销售人员不多多微笑呢？这往往是因为销售人员未能意识到自己没有展露微笑。以下这些简单易行的方法能确保你充分享受到微笑带来的好处：

- **养成观察自己的面部表情的习惯。**将一面小镜子放在手机或摄像机旁边，观察自己打电话或参加视频会议时的面部表情。你在微笑吗？如果没有，请有意识地保持微笑。即便对方无法看到你的面部，他们通常也能感觉出你是否面带微笑。

- **以微笑开启沟通。**无论是面对面会谈、视频通话，还是电话交谈，每一次销售沟通都应从微笑开始。在一些特殊情况下，你确实应表现出庄重严肃的态度。例如，讨论你提供的服务将如何解决买方的问题，或者讨论较为悲伤或严肃的事情。除此之外，请尽量以微笑开启沟通。
- **利用视频复盘表情管理。**条件允许的话，请拍摄一段自己与买方进行销售沟通的视频，然后在静音状态下观看视频，认真观察自己的面部表情。你在微笑吗？还是在皱眉头？你的面部表情是否扭曲并因此分散了对方的注意力？一旦你发现自己下意识会露出何种表情，你便可以有针对性地做出改变，并通过练习加以改善。

技巧 4：以手势，促销售

在销售中，展示出对自己所售产品或服务的信心至关重要。[30] 非语言行为是传达自信的最佳方式之一。研究人员已经证实，非语言行为充满自信会大大提升发言者的可信度。[31] 一项发表在《美国国家科学院院刊》上的研究指出，非语言行为充满自信能够增强发言者的亲和力，令发言者看起来更富魅力。[32]

有一种能够清楚传达你对所售产品或服务充满信心的非语言行为，那就是做手势。研究人员发现，手势本身就能刺激大脑，帮助大脑处理信息，使思维更加清晰。[33] 换言之，手势可以促进思考，使你与买方的沟通更加有效。

手势还会影响你能否赢得销售。在一项实验中，社会科学家邀请两组经验丰富的投资者观看一位企业家介绍一款新的技术产品。[34] 虽然两组投资者观看的产品演示内容相同，这位企业家的演示方式却不同：在面对第一组投资者时，企业家使用了比喻、类比和逸事等形象化语言来展示产品；而面对第二组投资者时，企业家频繁使用手势来传递信息。结果，第二组投资者的投资意愿比第一组投资者高出 12%。一位参与该实验的研究人员称：“研究表明，手势能够传递兴奋感，激发投资者的投资热情。不仅如此，我们还发现，手势能够帮助企业家更清晰地传达与产品相关的理念。当我们对实验中的两组投资者进行调查时，我们发现第二组投资者对这款新产品有着更深的理解。”[35]

以下是 3 个利用手势为销售助力的实操经验：

- **大胆做手势。**通常，我们在说话时会自然而然地利用手势来协助言语表达。然而，处于紧张状态的销售人员往往会限制自己的手势。他们会将双手僵硬地垂放在身体两侧，或紧紧地抓住笔记本、桌子或演讲台。请记住，手势能帮助你理清思路，传达自信，使你更具说服力。因此，每当你感觉自己开始紧张时，你可以深吸一口气，然后以自然、放松的方式大胆做手势。[36]
- **利用手势增强演讲效果。**手势不仅能够使演讲变得更加有趣，更吸引人，还能帮助销售人员更清晰地表达想法。例如，当你阐述某项措施将如何提高销售额时，你可以逐步拉开双手之间的距离，直观地展示销售额的增长；在分享幻灯片上的关键点时，你可以将手移向幻灯片，表明你正在分享一些重要内容；当你提及某位客户曾说过的话时，你可以朝对方做出摊开手掌、手心向上的手势，以此表明你正在分享对方的想法，并对其贡献给予认可。诸如此类的基本手势不仅有助于对方接受信息，还能对他们产生积极影响。

- **避免频繁使用同一个手势。**虽然手势的作用很大，但过度使用某一手势反而会分散对方的注意力，削弱你所传递信息的积极效果。有些销售人员在观看自己的销售视频时，会发现自己频繁使用同一个手势，导致效果适得其反。这通常是由于他们在沟通时并未意识到这一点。为了避免这种情况的发生，我建议你拍摄一段自己和买方进行销售沟通的视频，然后在静音状态下观看视频，观察自己的手势，思考它们给人留下了何种印象。你的手势能否传达出你的自信，体现出你的能力？你是否会做出重复的、易分散他人注意力的手势？你是否因紧张而将双手僵硬地垂放在身体两侧？你能否找出一些能够利用手势来提升沟通效果的方法？你可以通过分析自己使用手势的方式，使你的沟通更加高效。

我们已探讨了 4 种非语言行为帮助你提升表达能力，进而提高你的整体沟通能力。接下来，让我们把目光转向最后一个“奇招”。该策略不仅能像前两个策略一样帮助你提升销售额，还能让你在生活中感受到满满的乐趣。

奇招 3：发扬乐观精神

销售并非易事。正如前文所述，在如今竞争激烈、日益复杂的销售环境中，你需要不断面对来自业绩表现、发展新客户、维护老客户等方面的压力。因此，最后一个策略是在工作中培养乐观精神以应对这些挑战并提高签单率。

乐观精神真的会对销售结果产生积极影响吗？答案是肯定的！行为科学家马丁·塞利格曼（Martin Seligman）① 和彼得·舒尔曼对保险销售人员的业绩进行了分析研究。[37] 他们发现：乐观销售人员的销售额要比悲观销售人员的销售额高 37%；并且，乐观程度排名前 10% 的销售人员的销售额比悲观程度排名前 10% 的销售人员的销售额高 88%。不仅如此，当塞利格曼和舒尔曼将乐观程度排名前 50% 与排名后 50% 的销售人员进行比较时，他们发现：前者不仅销售额更高，而且坚持从事销售工作的时间是后者的 2 倍。

其他研究也得出了类似的结论：乐观销售人员的平均业绩要比悲观销售人员的平均业绩高 20% ～ 40%。[38] 舒尔曼在《个人销售与销售管理杂志》（*Journal of Personal Selling and Sales Management*）上发表了一篇题为《以习得性乐观来提升销售效率》（Applying Learned Optimism to Increase Sales Productivity）的文章，文中指出：“乐观心态能有效预测各行业、企业销售人员的销售效率。”[39] 乐观者往往会在遇到问题时积极解决，在面对障碍或拒绝时坚持不懈，在完成任务时更加专注、更加努力。这正是乐观心态能够提升成功率的原因。[40]

话虽如此，如果你觉得自己并非一个乐观之人，也不用担心。同前文中提到的成就心态、成长心态和韧性一样，乐观也是可以习得和提升的。[41] 由于我们总在不断面对各种挑战，无论你之前乐观与否，拥有更积极、更阳光的心态总能使生活更加美好，难道不是吗？接下来，我将介绍

① 马丁·塞利格曼，积极心理学创建人，被公认为“积极心理学之父”。其作品《真实的幸福》《活出最乐观的自己》《认识自己，接纳自己》《教出乐观的孩子》中文简体字版已由湛庐引进、浙江教育出版社、浙江人民出版社出版。——编者注

两种能够使你变得更加乐观自信的科学方法。

方法 1：拒绝消极想法

世界充满了不确定性，所以人们很难保持乐观，这不足为奇。我们或许无法改变世界的现状，但我们至少可以自主选择应对方式。每个人都会有心情低落的时候，降低其影响的关键在于识别自己何时易受影响。记住，你与你的想法并非一体。你的大脑可能会产生一些你不喜欢，甚至不赞同的想法，你无须全盘接受。你的想法由你做主，你完全可以掌控它们。

当你开始评估自身想法时，注意观察它们什么时候会变得悲观。正如本书第 1 章所述，那些让你觉得自己是个失败者、自己无法企及目标等的消极信念并不准确。但是，如果你不采取措施将其扼杀在萌芽状态，那么你很可能会自证这些预言。当你反思自己在什么时候最容易产生消极心态时，可重点关注以下几点：你当时是否处于某种特定的情境，是否待在某个特定的人身边，是否目睹或听说了某些特定的事情。你不妨问问自己：

- 在生活中，哪些人、哪些情境或者你接触的哪些媒体会促使你产生悲观的想法？
- 你能做些什么来减少这些人、情境或事物带来的负面影响？
- 在生活中，哪些事物能够让你获得积极乐观的心态？
- 你能做些什么来扩大这些事物带来的积极影响？

通常来说，如果你总给自己灌输消极思想，那么你很难培养出乐观心态。因此，我建议你摒弃生活中那些令你感到沮丧的事物。这些事物会阻碍你的事业发展。毕竟，持消极心态的人几乎不可能成为一个有创造力的问题解决者。另外，你还应拥抱生活中那些能令你更加乐观豁达的事物。做出改变并非易事，而且需要时间和练习，但为了取得你想要的成功，这一切都是值得的。我确定你能做到。

方法 2：常怀感恩之心

坦率地说，过去每当听到企业领导或销售领导谈及感恩时，我都没有放在心上。感恩似乎是一件理论上人人认可、实践中却不会带来多少实际影响的事情。然而如今，我的观点早已有了彻底的转变。几年前，我惊讶地发现，许多可追溯至近一个世纪前的科学研究已经证明，感恩之心对减少消极情绪，提升积极情绪十分有效。[42] 我还发现，感恩能让人自然而然地保持乐观心态。[43] 事实上，没有人能够在悲观的同时心存感激。研究人员还发现，常怀感恩之心不仅能够提升幸福感和积极情绪，还能减少焦虑、怨恨、敌对和抑郁等负面情绪。[44] 正如一份来自哈佛大学医学院的报告所述：“常怀感恩之心不仅能使人们感受到更多的积极情绪，还能帮助人们享受美好体验，改善健康状况，勇敢地面对逆境，以及建立更加牢固的人际关系。”[45]

如果你仍对感恩的有效性持怀疑态度，那么研究人员罗伯特·埃蒙斯（Robert Emmons）和迈克尔·麦卡洛（Michael McCullough）开展的一项为期 10 周的研究可以打消你的疑虑。在研究中，他们首先将被试随机分为 3 组。[46] 随后，他们要求第一组被试在每周结束时写下这周令他们心怀感恩的 5 件事。该组被试写下的内容包括“今早醒来”“朋友慷慨”等，甚至还有“滚石乐队”（The Rolling Stones）。研究人员要求第二组被试在每周结束时写下这周令他们感到烦恼或者困扰的 5 件事。该组被试写下的内容包括“停车位难找”“帮了朋友的忙，对方却不领情”，以及常见的“遇到蠢人开车”等。研究人员要求第三组被试在每周结束时写下这周对他们产生影响的 5 件事或 5 种情况。该组被试写下的内容包括“飞往萨克拉门托”“学会心肺复苏术”“清理鞋柜”等。研究结果显示：与后两组被试相比，第一组被试的健康状况更佳，心情更愉悦，对未来也更有信心、更乐观。这便是感恩的力量：看似微不起眼，却能产生巨大的影响。

常怀感恩之心同样会对你的职业生涯产生巨大的影响。它不仅会让你更加乐观，更易感受并传递积极情绪，还能帮助你从客户的拒绝中快速恢复过来，让你更易与买方建立起融洽的关系和信任。以上种种，均是销售成功的重要因素。

培养感恩思维的一个最佳方法是写下你所感恩的事物。在新的一天开始时写下感恩对象是再合适不过的训练。几周之后，你会发现此举能使你一整天都处于心存感激、乐观自信的精神状态，整个人都充满活力。本书始终专注于如何将销售提升至一个新的水平。

在进入最后一部分之前，让我们先快速回顾一下本部分的内容。在第 4 章中，你了解了如何通过“销售 6 问”来使你的销售方式与潜在客户形成购买决策的方式保持一致，以及如何通过评估问题来引导买方对你提供的价值进行思考并给出积极回应。第 5 章介绍了如何重构具有挑战性的销售情境。第 6 章揭示了科学是如何为销售流程增效，为销售业绩助力的。本章则介绍了能帮你更有效地提升销售额的 3 大“奇招”。

接下来，让我们从“坚持以诚为本”开始，探讨如何将所学知识付诸实践，从而获得持久的成功。

让销售业绩翻倍的科学　SELL MORE WITH SCIENCE

- 在分享产品的优势之后，立即分享不足之处，反而可以凸显产品价值、增强客户信任度。
- 在沟通中，只有 7% 的信息是通过语言传递，约 90% 的信息通过非语言形式传递。
- 短暂的沉默能够给买方留出思考余地，提高他们的购买参与程度。
- 你无须全盘接受自己的消极想法，客观评估它们能增强你对情绪的掌控力。

SELL
MORE
WITH
SCIENCE

第三部分

科学销售的持续成交法则

SELL MORE WITH SCIENCE

第 8 章

诚信销售，深化与客户的关系

本书秉持的核心原则之一及我最核心的销售理念之一，即**最有效的销售方式是使你的销售方式与潜在客户形成购买决策的方式保持一致**。这就引出了一个十分关键的问题：这种科学方法是否会赋予销售人员过多的权力，让他们得以操纵他人？无论是在商学院讲课面对学生们时，还是在培训中面对销售人员时，或是在媒体采访中面对媒体人士时，我都被问过这个问题。我极其赞赏这种提问行为，因为我也发自内心地担忧这一点。我认为很有必要对此给出回答，因为答案不仅揭示了我们为销售对象服务时肩负的责任，也揭示了我们每位销售人员能够采取何种措施，以确保我们永远不会以不道德或操纵的方式进行销售。

在深入探讨以诚为本的意义及如何在实践中坚守道德之前，我想请大家注意两个关键点。首先，既然人们担心销售人员会以此操纵他人，就足以证明这种科学方法的有效性。在我的职业生涯中，我曾旁听过多位讲师的销售培训课程，但从来没有遇到过学员提出类似担忧。也就是说，没有任何一位学员认为他们所学方法的影响力如此巨大，以至于有人会将其用于不正当的目的。这是因为大多数传统销售培训推崇的技巧都是肤浅的、过时的，甚至无效的，所以学员们根本不会质疑他们所学的方法是否会让他们有能力轻易操纵他人。相反，他们可能会怀疑课上传授的种种简单理念能否给他们的销售带来任何改变。我要提醒你注意的是：基于逸事的老式销售培训与本书讲述的循证销售培训之间，存在着巨大的差异。

其次，无论使用何种销售技巧，获得销售成功的唯一途径始终都是坚守道德，以诚为本。这一点至关重要。无论处于何种情境，当你为了销售业绩而撒谎、夸大事实、隐瞒关键信息或为佣金而违背原则时，你就已然将诚信这一不该售出之物廉价地抛售了。**不诚信是最容易毁掉你职业生涯的行为。**

幸运的是，你根本不需要为提高销售业绩而降低道德标准。一篇发表在《个人销售与销售管理杂志》上的研究证实，当销售人员坚持诚信销售时，其工作满意度及业绩都会提高。[1] 大量研究证实，坚守道德能带来更优秀的销售业绩。[2] 虽然不诚信的销售人员可能会在短期内与毫无戒心的客户达成几笔交易，但他们的长期业绩表现通常较差。在如今信息飞速传播的透明市场中尤为如此。[3] 毕竟，一旦销售人员出现失信行为，他们很快就会失去买方的信任。而信任是一切关系的基础，没有信任，就无法合作。[4] 因此，在销售中坚持以诚为本是值得的。

坚守道德不仅能给销售人员带来回报，也能为其公司带来回报。在另一项发表于《个人销售与销售管理杂志》的研究显示，销售主管们将如何在销售中坚守道德列为团队培训的关键主题之一。[5] 此举理由十分充分：销售人员失信不仅会导致他们的销售业绩较差，其公司也会为之付出沉重的代价。调查发现，80% 的买方表示，企业及其员工能否遵守商业道德会直接影响他们的购买决定。[6] 当某一位员工表现出不道德行为时，人们会自然而然地认为组织中其他员工也会有类似表现。[7] 因此，大多数买方在有过一次糟糕的经历之后，不会再给同一家公司第二次机会。[8] 简言之，在竞争激烈的现代商业环境中，一次失信通常会导致永无合作的可能。

精准成交的实践 SELL MORE WITH SCIENCE

利用道德领导力提升销售业绩

2019 年的一项研究发现，坚守道德的销售主管不仅能得到团队成员更多的信任，也更有可能打造出业绩最佳的团队。[9]《哈佛商业评论》的主编阿迪·伊格纳修斯（Adi Ignatius）在《关于诚信》（*The Thing About Integrity*）一文中对道德领导力的影响进行了总结，他指出："将诚信放在首位的领导者，不会鼓励组织成员不惜一切代价取胜，而是倾向于通过提高员工的敬业度来实现更可观的盈利增长。"[10] 以道德为本不仅是正确的领导方式，也最符合商业利益。

最重要的是，销售人员的不道德行为会损害整个行业中每个人的利益。一篇发表于《国际销售转型期刊》（*International Journal of Sales Transformation*）的报告称，高达 31% 的销售经理认为"销售耻辱感"对其团队的成长带来了负面影响。[11]"销售耻辱感"指的是许多销售人员对其工作怀有的一种负面感受，它往往源于销售人员渴望摆脱"油嘴滑舌、咄咄逼人、谎话连篇的小贩"这一不良刻板印象的想法。可悲的是，这种过时的观念至今仍困扰着整个销售行业。例如，2020 年度盖洛普民意调查数据显示，在"最诚实及最具道德素养的职业"评选中，[12] 排名最高的 3 种职业分别是护士（89%）、医生（77%）和小学教师（75%），排名最低的 4 种职业分别是企业高管（17%）、广告从业人员（10%）、汽车销售人员（8%）和国会议员（8%）。虽然人们对销售职业的看法正在慢慢改善，但许多人的观点仍与温德尔·贝里（Wendell Berry）一致：销售旨在"说服人们以高出物品原本价值的价格购买他们不需要、不想要之物”。[13]事实上，这种行为并非销售，而是理应受到谴责的操纵行为。我相信，包括我自己在内的绝大多数销售专业人士都坚决反对这种行为。当销售人员为了达成交易而不择手段时，他们便会进一步加深人们对销售人员的不良刻板印象，这无疑对买卖双方都不利。

在过去的几十年里，许多业内人士一直致力于提升销售行业的地位，致力于使人们认识到销售旨在“以一种有意义的方式为他人提供服务”。话虽如此，仍有一部分销售人员不清楚“影响买方”和“操纵买方”之间的区别。接下来，让我们深入探讨两者的关键区别，研究影响何时会变成操纵，以及销售人员应如何确保自己不以不道德的方式行事。

“影响”与“操纵”的关键区别

有关影响与操纵的讨论由来已久。在古希腊，“说服之父”亚里士多德与一群被称为“智者学派”的教师曾就该问题产生过冲突。彼时，智者学派因传授演讲术和辩论术而臭名昭著。亚里士多德指出，智者不关心真理，他们会为了酬劳而宣传任何思想，根本不会去考虑思想的对错与好坏。他认为，智者学派为了自身经济利益故意欺骗他人并造成伤害，这种做法无疑是操纵。[14]

如今，影响与操纵之争仍在继续。想要分辨两者的区别，就必须了解影响所依据的伦理。有些人认为，影响具有“道德中立性”。[15]换言之，影响并无好坏，而是一个公正的过程。我认为，采用亚里士多德的观点来看待影响更加有理有据，即将影响视为传播真理的主要手段之一。[16]某人在说服过程中提出一个有证据支持的观点，其他人可以自由选择接受与否。[17]

影响过程还能带来种种积极变化。[18] 实际上，在人类交流中，影响无处不在，以至于有时几乎难以察觉。[19] 影响（及其更直接的形式——说服）是法律体系、咨询行业和民主制度的基础。[20] 传播学者罗伯特·加斯（Robert Gass）和约翰·塞特（John Seiter）精辟总结道：

> 说服能够促进国家间达成和平协议；说服有助于开放封闭的社会；说服力是慈善公益机构募集善款的关键所在；说服能让驾车者在开车时自觉系上安全带或避免酒后驾车；说服还能让那些酗酒或药物成瘾的家庭成员寻求专业帮助。……总而言之，说服是许多积极、亲社会行为的基石。可以说，世间所有美好和善举几乎都与说服息息相关。[21]

归根结底，这便是影响与操纵的区别所在。如果运用得当，说服和影响都能带来积极变化。无论是劝说他人注意安全，激励他人实现目标，还是为他人提供解决问题的服务，只要是通过影响来帮助他人，都是好事。然而，当人们以不道德的方式利用影响或说服，仅仅将其视为一种达到自身目的的手段且对他人毫无裨益时，它就变成了具有破坏性的操纵。[22] 你可以依据以下 3 个直观、可靠的要素来识别操纵行为，确保你不会陷入其中。

要素 1：自私的意图

意图是判断某个请求是否具有操纵性的首要因素。简单地说，如果某人试图说服他人接受不符合其最佳利益的想法或行为，那么此人就是在操纵他人。可悲的是，人们经常会为了追求自己的欲望而操纵他人。这种马基雅利维式思维方式的根源之一是没有平等地看待他人。任何时候，只要你将自身需求置于他人需求之上，你就很容易做出操纵他人的行为。著名哲学家康德在其著作中提到了这一点，他认为道德的基本准则是始终把人当作目的，而不能仅仅当作达成个人欲求的手段。[23]

所有从事销售职业的人都必须警惕，我们不应将买方或任何其他人仅仅当作达成销售的手段。我们必须始终将帮助他人解决问题作为工作重心。如果你的解决方案无法圆满处理和解决对方的问题，那么你应当如实相告，并主动放弃此次销售机会。这听起来有些极端，但其实不然：做最符合他人利益的事永远是明智之举。毕竟，如果你误导了别人一次，那么他们就再也不会相信你。不仅如此，他们很可能还会告诫他们认识的其他人对你避而远之。在无法帮助潜在客户解决问题的情况下，你应主动放弃机会，转而去寻找你真正能提供帮助的客户。

要素 2：隐瞒或歪曲事实真相

操纵的第二个要素是隐瞒或歪曲事实真相、关键事实或重要信息。在销售中，此类行为往往体现为销售人员刻意夸大某个方案、产品或服务的优势，以吸引更多人购买。正是这种操纵手段，使得警示语“caveat emptor”（拉丁语，意为“买主自负”）流行起来。该警示语旨在提醒潜在买方在付款之前要注意核实产品质量是否与卖方的宣传相符。即便在当今，大多数人也都曾有过类似以下的不愉快经历：买之前听销售人员说得天花乱坠，买了之后才发现自己被夸张美化甚至完全虚假的宣传误导了。这种做法当然是错的，因为任何虚假宣传都属于明目张胆的操纵。

要素 3：胁迫

胁迫是操纵的第三个，也是最明显的要素。胁迫意味着剥夺对方自由选择的权利，而且通常以最后通牒的形式要求对方做出决定，否则就要承担不利后果。相较而言，说服涉及的是影响力，绝非压力或武力。正如传播专家理查德·佩洛夫（Richard Perloff）博士所述："说服的一个决定性特征就是自由选择。在某种程度上，被说服者必须拥有选择接受或者拒绝的自由。"[24] 因此，无法拒绝的请求并不具有说服力；此类请求具有胁迫性，故而具有操纵性。

想必大家已经清楚地认识到，影响和操纵之间有着显著的区别。[25] 影响是一种亲社会行为，它能使所有参与者获益。与此相反，操纵性劝说一旦被接受，就会给他人带来负面影响。操纵在道德上是错误的，无益于任何人。[26] 实际上，如果你从事销售工作，那么你就是一个专业的影响者。因此，正确且全面地理解影响的适当性及操纵的三大要素至关重要。这将有助于你在工作中坚守道德，确保自己绝不出现操纵行为。

最有可能做出不道德行为的情境

尽管大多数销售人员都意图良好，但难免有些人会做出有损诚信之事。幸运的是，大量研究已经表明，处于两种情境中的销售人员最易出现不道德行为。接下来，我将一一分享给你。了解了这些之后，你便可以随时保持警惕，不屈服于诱惑，不以损害买方利益、自毁前程的方式进行销售。

情境 1：销售业绩差

正如前文讨论乐观精神时所述，无论是销售人员，还是其他许多行业的从业人员，都需要面对持续的业绩压力。社会科学家发现，当销售人员业绩表现较差时，他们往往会因走投无路而更有可能采取不道德的行为。[27] 在销售人员刚刚开始职业生涯的特殊时期，他们最容易感受到业绩压力。[28] 正如研究人员威利·博兰德（Willy Bolander）、威廉·扎恩（William Zahn）、特里·洛（Terry Loe）和梅莉萨·克拉克（Melissa Clark）解释的那样："业绩惨淡会导致销售新人以不道德的方式行事；随着销售失败的累积，他们的不道德行为往往也会增多。"[29]

如果你正因无法完成业绩目标而苦恼，那么你就更应警惕自己出现操纵行为。此类行为无法从根本上解决业绩不佳的问题，只会使问题更复杂，情况更糟糕。解决问题的最佳方式是集中精力找出业绩受阻的原因（本书第 4 章已经提到），然后对症下药，做出改变。职场新人更应意识到自己正处于最易受诱惑的危险时期。如果你感到业绩压力过大，不得不为了短期利益而牺牲诚信，那么请向同事或经理寻求帮助。请务必认真对待这个问题。否则，你刚刚开始的职业生涯很可能就要因此走向终结。你不应让一个错误的选择导致自己前功尽弃。

情境 2：高度紧张

在工作中长期感受到压力会导致人更易做出有损诚信之事。[30] 承受巨大的压力会导致人们的心智能力降低，这就增大了我们做出令自己追悔莫及的不道德选择的可能性。[31] 当我们感受到压力时，我们的身体会分泌皮质醇。皮质醇是一种功能强大且持续较久的激素，它能让人保持警觉。[32] 正是因为皮质醇的分泌，人才会在紧张的一天之后很难放松下来睡个好觉。[33] 人类只适合承受短期压力，如虎口求生等；而不适合承受长期压力，如一直处于紧张的工作环境之中。[34] 当压力持续存在时，我们的大脑会因长期暴露于皮质醇环境中而受到不利影响。这将阻碍大脑对信息的处理和提取，使我们难以完成认知任务。[35] 正如社会心理学家丹尼尔·戈尔曼所说：“人在压力下会变得愚蠢。”[36]

当然，这并非开脱之词。无论紧张与否，每个人都要为自己的选择负责。科学提供的洞察力让我们得以了解，我们在什么情境下最有可能做出有损诚信的行为。这将帮助我们在疲惫不堪时仍保持警惕。如果你感到自己的决心开始动摇，快要做出令自己后悔的选择，那么请不要犹豫，尽快向你信任的人解释你的困境并寻求帮助和支持。没有人能独自成功；所有人都会有需要他人帮助的时候。你需要坦言你面对的压力和诱惑，向他人寻求摆脱困境的方法。此举往往决定了你能否抵制住诱惑。

确保自己坚守诚信的 3 项原则

抵制不道德行为诱惑的关键在于做好应对准备。将以下 3 项原则谨记于心，你在整个职业生涯中坚守诚信的决心会更加坚定。

原则 1：始终将买方的需求放在第一位

专注于满足潜在客户的需求是避免不道德销售行为的科学方法之一。大量研究已经证实，当销售人员坚持以买方为中心时，即便在压力巨大和业绩不佳的情况下，他们也不太可能采取操纵性策略。[37]

发表在《商业伦理学杂志》（*Journal of Business Ethics*）上的一项研究明确验证了以买方为中心的销售方式能够产生积极影响。在该项研究中，研究人员邀请被试通过单向可视的网络摄像头向买方销售。[38]也就是说，被试无法看见或听见买方的反应，但买方可以看见并听见被试的销售演讲。每次演讲结束后，研究人员都会将买方是否购买的决定告诉被试，并立即安排他们向新的买方销售。研究人员发现，当被试一而再，再而三地被告知买方拒绝购买时，他们就更有可能无视买方的需求，并开始对产品做出诸如“这可是最后一件”或“这件商品十分独特”等虚假陈述，以强行达成销售。另一种常见的操纵行为是以“请帮帮我”“我能不能取得好业绩全靠你了”等绝望的恳求来胁迫买方。

有趣的是，当研究人员提醒被试将注意力集中于帮助买方解决问题时，此举对阻止被试以不道德方式行事起到了明显的作用。当研究人员向屡屡遭拒的被试定期发出“关注买方需求”的书面提醒时，被试给出虚假产品信息或做出其他操纵行为的概率随之大大降低。此外，大量调查研究也已证明，聚焦于买方需求不仅能使销售人员以更好的方式展开销售，还能帮助销售人员提升业绩。[39] 关于如何做到这一点，请参阅本书第 4 章及《销售的科学》的第 2 章、第 3 章和第 6 章。

原则 2：坚持选择以诚行事

诚信不仅是我们应当认同的理念，更是我们需要奉行的原则。以下 3 点将助你以诚行事。

1. 认识到你的个人诚信与职业诚信息息相关。你在个人生活中表现出的诚信度在很大程度上影响甚至决定着你在销售中的诚信度。不信？发表在《美国国家科学院院刊》上的一项研究表明：与那些没有不忠行为的企业高管相比，有出轨行为的企业高管采取不道德商业行为的可能性要高 1 倍多。[40] 另一项研究也发现，生活中存在违法行为的企业领导者更有可能在工作中出现欺诈行为。[41] 这项研究甚至促使《哈佛商业评论》的编辑们公开建议董事会考察高管的非工作行为，因为诸如酒驾甚至被交警开罚单等行为，都能预示他们是否会在工作中做出不当行为。[42]

如果你在生活中存在撒谎、欺骗及操纵他人的行为，那么你在职场中也更有可能做出同样的行为。反过来说，如果你在生活中是一个有道德、值得尊敬的人，那么你就更有可能成为一位以诚为本、尊重他人的商务人士或销售专家。

2. 拥抱真实。保持真实是诚信销售的基石。以一些关于你自身或所售产品的不实信息来误导买方，会损害你的信誉。更重要的是，当人们本能地察觉到你所言非实时，他们将不再信任你，你也就很难说服他们了。发表在《组织行为与人类决策过程》（*Organizational Behavior and Human Decision Processes*）杂志上的一项关于求职者的实验研究证明了这一点。[43] 研究人员要求一组被试在面试时展现出真实的自我，要求另一组被试在展现自我时尽量迎合面试官的喜好。实验证明，第一组被试被录用的可能性要比第二组被试高 26%。对此，行为科学家弗朗西斯卡·吉诺总结道："**与迎合他人的兴趣和期望相比，展现出真实的自我会给他人留下更好的印象。**这不仅会让你感觉更自在，还能提高你实现目标的可能性。"[44]

   保持真实也有助于你提升销售业绩。多年前，我刚成立公司时曾指导过一个名叫罗杰的销售人员。虽然罗杰经验丰富，但当时的他尚处于步入新行业、担任新职位的困难时期。我们第一次见面时，罗杰告诉我，他正在使用一种有望提升业绩的新技巧。他隔壁办公室的销售冠军来自农村，说话时总是语速缓慢，沉稳谦逊，言语之间总伴有长时间停顿并带有浓重的南方口音。他认为，模仿这位销售冠军的说话方式能帮助他提升销售额。我告诉罗杰，此举不但不会如他所愿，反而会令买方觉得他不真诚，从而降低对他的信任程度。为了阐明我的观点，我问罗杰，如果他和家人去商店购物时突然遇到某位客户，他会怎么做？难道要在妻子和孩子面前突然用南方口音说话吗？不管他怎么做，都会显得很傻；他也会觉得自己傻透了。更糟糕的是，无论是在客户心里，还是在家人心里，他的信誉都将大打折扣。我刚说完，罗杰就承认，此举的确没有给他的销售额带来任何起色。于是，我建议他保持真实和诚信。随后，我和罗杰发现，他之所以在向客户做介绍时缺乏说服力，是因为他没有充分了解对方的需求。当罗杰改正了这些问题之后，他的销售业绩节节攀升，最终与那位同事不相上下。事实证明，成为销售冠军，完全不需要南方口音。

从本质上来说，保持真实意味着做你自己，而不是为了获得成功试图欺骗别人。一旦你行欺瞒之事，你就会失去他人的信任，你的影响力和销售业绩都会因此受损。

3. 以诚行事。为了研究不诚实行为的负面影响，4 位行为科学家邀请 1 500 多名被试参与了一系列实验。[45] 他们的结论之一是，**不诚实行为会削弱我们的共情能力，使我们无法准确感知他人的想法和感受。**鉴于有效销售是建立在理解买方的观点并对其做出回应的基础上的，这意味着每当销售人员出现不诚实行为时，他们都在进一步削弱自己与客户建立良好关系并最终达成销售的能力。

   更令人担忧的是，该项研究还发现：“不诚实行为与共情准确度之间的联系可能会形成一种恶性循环，这将导致存在不诚实行为的人会越来越陷入社交孤立，越来越得不到他人的支持，这样一来，他们就更易自我合理化不诚实、不道德的行为。”[46] 换言之，每一次的不诚实行为都会让你在今后更有可能再度如此行事。

欺骗行为之所以会适得其反，原因有很多：一旦买方发现你存在不道德行为，你的声誉乃至职业生涯都会被毁。买方很可能今后再也不会向你购买任何产品或服务。更重要的是，知道自己做了伤害他人的事会令你产生深深的负罪感。因此，请务必以诚行事，哪怕你会因此失去销售机会。[47] 销售业绩固然重要，但你的名誉和良心更重要。请谨记，信守诺言、尊重他人、平等待人永远都是正确的处世之道。

至此，你大概已经能判断自己诚信与否了。如果你尚不确定，那么你可以依据以下标准判断。你也可以借此提醒自己，在销售中时时刻刻以诚行事。

- 即使困难重重，也要说到做到。
- 犯错就应承担责任并尽力弥补。
- 切勿给出任何关于自己或公司、产品或服务的不实信息。
- 切勿隐瞒买方需要了解的信息。
- 始终如实回答买方的问题。

诚信是有效销售的基石。以诚实、守道德、符合买方最大利益的方式行事，能确保你、你们公司与销售对象之间建立起更良好的关系，帮助你取得更大的成功。

原则 3：践行诚信宣言

做出坚守诚信的承诺是以诚行事的前提。让我们运用所学知识来确保自己始终坚守正道。我们将制定一份诚信宣言来“助推”（参见本书第 6 章）。你可以拟定一份简明扼要的宣言来创建一种提醒机制，用于明确在面临采取操纵行为的诱惑时，自己将如何应对。

即便你已然在销售中做到了坚守道德，制定诚信宣言仍能给你带来不少益处。我们从本书第 3 章中已了解到，写下目标不仅能加强我们对目标的承诺，还能让我们更有可能付诸行动。制定诚信宣言也会得到同样的好处。

精准成交的实践 SELL MORE WITH SCIENCE

用诚信宣言规范行为

2009 年，一群来自哈佛商学院的毕业生发起了“MBA 誓言”（the MBA Oath），做出“以负责任、守道德的方式去创造价值”的正式承诺。[48] 从那时起，每年的 MBA 毕业生都可以自愿选择宣誓与否。而且，哈佛并非唯一推行此举的商学院。“全球超过 100 所学校的超万名学生已签署了《MBA 誓言》。”[49] 该誓言的影响力在于，它能激发这些 MBA 毕业生对诚信的坚定承诺，从而显著提高他们在职业生涯中以诚行事的可能性。

制定诚信宣言时，你不妨考虑一下由管理学大师彼得·德鲁克提出的“镜子测试”，问问自己：“每天早晨面对镜子，我希望在镜子里看到的是一个怎样的人？”[50]这个人是一个骗子、一个操纵者，还是一个即便困难重重也坚持行正道、做正事之人？你制定的诚信宣言应包含那些你希望每次对镜自照都能从镜中之人身上看到的价值观。

以下 3 个诚信宣言的优秀范例可供你参考：

- “我将坚持做最符合客户利益的事情，不计金钱成本。”
- “我永远不会撒谎或误导他人，永远坚持‘己所不欲，勿施于人’的原则。”
- “即便无法达成销售，我也将永远实事求是地展示我自己、我们公司及我们提供的产品或服务。”

接下来，请花些时间写下你自己的诚信宣言。它应当是你极为认同、每当遇到困难或受到诱惑之时都能想到的行为准则。因此，请细细考虑，慢慢撰写。

诚信宣言：

____

____

关于诚信，我还有最后一点想法。虽然我在职业生涯中曾获得过许多荣誉和奖项，但我最自豪的时刻发生在我成为销售培训师之前。在第二份销售工作中，我一直是公司里业绩排名第一的外场销售人员。离职几年以后，我遇到了一位仍就职于该公司的前同事。我们叙旧时，他突然冒出一句："我一直忘不了你跟我说过的话。"我一时想不起究竟是哪番话令他印象如此深刻，于是问道："我跟你说什么了？"他笑着说："你告诉我，我们无须撒谎就能成为出色的销售员。你说得没错。"时至今日，那段对话仍令我记忆犹新。在多年的销售、培训、帮助企业改进销售流程的经历中，我逐渐认识到，人们不单单会记住你的业绩表现，更会记住你的销售方式——这才是真正重要的。只有在销售中坚守道德，你才能获得真正的成功。

至此，我们已经探讨了很多内容。我将在最后一章中介绍一个公式，你可以借助这个公式为自己的职业生涯创造积极的变化。如果你已经准备好了在职业道路上继续攀升，请继续阅读。

让销售业绩翻倍的科学 **SELL MORE WITH SCIENCE**

- 销售应当是影响性行为，而非操纵性行为。
- 将精力聚焦于满足客户需求是避免失信行为的科学方法。
- 当你的销售方式与潜在客户形成购买决策的方式保持一致时，更容易达成精准成交。
- 不诚实的行为会削弱我们的共情能力，使我们无法准确感知他人的想法和感受。
- 与迎合客户的兴趣和期望相比，展现真实自我会给对方留下更好的印象。

SELL MORE
WITH SCIENCE

第 9 章

持续学习，获得必然且长久的成功

多年以前，我曾从事过一份并不适合我的工作。那份工作与我的理想毫不沾边，也无法满足我对生活的追求。当时的我如同被困住了，不知道何去何从。我暗暗期望生命中能突然出现某位慧眼识珠的“伯乐”，助我走上实现梦想之路。然而日复一日，我始终处于困顿之中。直到有一天，我终于明白，没有谁会来“发现”我，“拯救”我。没有人会为我的成功负责，改变职业生涯只能依靠自己。虽然历时较久，但我终于意识到我未能以正确的方式看待自身处境。一直以来，我以为只有工作和其他外部因素发生变化，我的职业生涯才能有起色。然而事实上，我经历的挫折主要源自我的心态、特质和行为。我意识到我完全能够掌控这些内在因素。只要我逐一改善它们，我的生活和工作自然也会随之改善。这种意识解救了我，帮我从根本上改变了我的职业生涯。

如果这段经历能够引起你的共鸣，如果你也有更多对生活、对职业的渴望，那么阅读本章将会令你受益匪浅。正如我苦思冥想才幡然明白的那样，销售业绩的大幅提升和职业生涯的改变最终取决于我们自己。你必须主动做出改变，没有人会替你解决这个问题。**为自己的成功和失败担责是改变的第一步。**

试想一下：当你勤勤恳恳工作并超额完成目标时，这份功劳应属于谁？如果公司决定奖励表现出色的员工，属于你的那份奖金应该给谁？可以确定，几乎所有人对上述问题的回答都如出一辙：功劳应归你，奖金也理应给你。将你辛苦挣得的功劳或奖金交给他人，自然是极不公平的。

还有一个问题：当你失败时，或当你未能达成目标时，谁该为此担责？或许你和大多数人一样，觉得这个问题难以回答。我们所有人都有一种想要得到功劳却不愿为失败担责的自然倾向。[1]行为科学家们将这种根深蒂固的倾向命名为“自我归因偏差”（self-attribution bias）。[2]人们将成功归功于自身能力，为了保护自尊而将失败归咎于不可控的外部因素，就属于这种情况。[3]

销售人员经常会因自我归因偏差，将业绩不佳归咎于潜在客户质量差、经济疲软、价格过高或经理不称职等。尽管上述因素也重要，但它们很可能只是销售人员未能取得理想结果的部分原因。为了免受自我归因偏差的影响，我建议你以新的视角来看待问题：你之所以未能取得理想结果，是因为你的销售方式在某种程度上限制了你。这种心态不仅能促使你重新审视真正阻碍你成功的原因，还能激励你做出必要的改变，克服种种障碍，从而创造出优秀业绩。

在销售培训职业生涯中，我见过了大量销售人员在主动担责之后自然而然地开始采取行动提升自身能力，因此实现了业绩的大幅提升和职业生涯的节节攀升。

那么你呢？在你看来，你的成功和失败应由谁负责？请思考并在下列横线上作答。请勿跳过这个练习，因为亲手写下答案能够给你带来深远的影响。

你的成功归功于谁？

____

你的失败归咎于谁？

____

若想职业生涯更上一层楼，第一步便是主动为成功或失败担责。接下来，让我们深入探讨你可以通过哪些具体步骤做出改变，从而实现业绩表现和职业发展的双跃升。

4 大策略，教你做出理想中的转变

想要实现职业生涯的积极变化，你需要一份计划。为此我将分享一个由 4 大有效策略构成的行动方案，为你指明前进的方向。与本书第 3 章讲述的 7 种策略类似，单独使用一种策略，你就能观察到明显的变化；而 4 种策略全部采用的话，将产生复合效应，使你更有可能实现理想中的转变。

策略 1：全力冲刺，大步向前

现状偏差是我们在做出改变时需面对的最大障碍之一。即便现状令我们很不满意，我们仍有维持现状的强烈倾向。[4] 如果你曾试图在生活中做出调整，却苦于无从下手，那么你已经体验过现状偏差的影响了。[5] 但是，我们完全可以将其影响降至最低。首先，你要清楚自己想实现何种目标、该目标为何重要及你需要采取哪些初步措施（如需复习，敬请参阅本书第2章和第3章）。一旦你准备好行动，接下来，打破现状偏差的一个最佳方法就是集中火力短暂猛攻。与其徐徐图之，不如将其视为一堵需要你一鼓作气冲过去的墙。

我曾多次使用全力冲刺的方法来实现职业跃升，并帮助客户使用这种方法迅速取得成果。全力冲刺能够激发你所需的热情和能量，从而积累足够的动力推动你大步向前。

筹备此类激进行动需遵循一条准则，即冲刺的时间应较短，通常只有几小时至几天。在这段时间里，你需要短暂打破生活中的一切平衡，将唯一的重心放在能使你获得理想职业转变的“冲刺”上面。这种精力高度集中的状态是不可持续的，只能视为一个助你实现飞跃的“发射台”。一旦这种精力集中、高度紧张的状态持续超过几天，就会给你的生活和人际关系带来负面影响，甚至引发你的倦怠感，使你前功尽弃。

那么，究竟如何全力冲刺，大步向前呢？请参考以下3个实例：

- 我的一些客户会定期邀请我对其部分销售人员开展为期几天的集训。通常，我会先给每位销售人员进行2小时的单独培训。在此期间，我要求他们将我视为潜在客户，向我介绍部分或全部销售流程。随后，我会给他们具体反馈，告诉他们如何改进，并要求他们在剩下的时间里根据我的建议实施改变。第2天，我会在见面时观察每位销售人员取得的进展。令人惊叹的是，在第一天收到改进意见并进行了全天练习之后，所有人第2天的销售演示明显有了极大提升。

更重要的是，他们的努力得到了回报，平均签单率提高了31%。

- 我某位大客户的企业中有两名销售人员决定组队互帮互助。由于两人都不善于应对买方提出的棘手异议。他们连续 3 天，每天都在办公室加班 3 小时，一起研究应对措施。他们先列出之前遇到过的所有异议，然后根据他们在培训中学到的知识，针对每种异议都整理出有力的回应话术。复习完笔记后，他们一人扮演提出异议的客户，一人扮演销售人员进行回应，轮流演练这些情境。3 天之后，两人都觉得自己在应对异议方面自信多了。这份努力也得到了回报，在接下来的一个季度中，两人都创下了各自的最佳业绩。
- 我为某企业客户开展培训后，该企业的一位销售人员深受启发，朝着成为销售冠军的目标迈出了大胆的一步。那次培训结束后，她花了整个周末的时间，将自己在培训中学到的知识融入销售流程之中。首先，她录下了自己一贯采用的销售话术。随后，她对录音进行了仔细分析，根据所学策略逐一记下自己可以改进的地方并加以练习。然后，她再次录下改进后的销售演讲，并不断重复改进过程，直到自己满意为止。虽然她在后续的几个月里对自己的销售流程做出了一些微小的调整，但她始终认为，她之所以能够实现业绩好转并一跃成为销售冠军，全都要归功于那次培训及那个周末的“冲刺”。

这些例子看起来有些极端，事实上也的确如此，而且是刻意如此。若想打破现状偏差，让自己迈向理想结果，一开始往往需要大刀阔斧的行动。

你可以通过下面的练习来确定你将如何“冲刺”以打破现状偏差，从而取得职业生涯的重大进展。

你希望做出的改变：

____

____

冲刺：

____

前期准备工作：

____

____

若想利用“冲刺”取得成功，请将以下两点牢记于心：

1. 虽然向着你期望的改变快速迈进能够带来一些立竿见影的效果，但仅靠这一点可能还不够。重大改变往往需要我们付出数周、数月，甚至数年的努力。“冲刺”的作用在于让我们向前迈出一大步，增大我们长期朝着目标努力的可能性。[6]
2. 由于“冲刺”要求我们在短时间内集中精力，全身心投入，所以在开始“冲刺”之前，我们可能需要与其他人（如家人、朋友或者雇主等）做好沟通。例如，在开始“冲刺”之前，你可能需要从经理那里获得一些反馈意见；或者，在你投入这段短暂的时间，高度集中精力来提升销售业绩时，请求家人予以支持。

一旦取得快速进展，你就要在此基础上再接再厉。接下来，我们将探讨如何为销售业绩及职业生涯带来持久的改变。

策略 2：积跬步，以至千里

虽然全力冲刺是取得快速进展的绝佳方式，但我们通常需要依靠长时间、小规模的调整来实现重大而持久的变化。只有对日常活动和行为进行小规模、持续性的调整，才能一步步靠近梦想。积跬步，以至千里；积小流，以成江海。[7]

英国奥运自行车队正是通过这种方式，结束了连续 76 年未获金牌的历史。他们将自行车比赛的各个环节拆解为获胜必需的要素，然后全身心投入，致力于在每个细节上实现哪怕 1% 的提升。例如，他们通过风洞测试，筛选出最符合空气动力学的骑行服，将车队的卡车底板漆成白色，以便及时发现可能会影响自行车性能的灰尘，甚至聘请了外科医生指导队员正确洗手以避免生病，从而最大限度地保证队员能以健康状态展开训练的天数。[8] 他们相信，这些小幅升级能够产生强大的复合效应，进而提升车队的整体表现。

事实证明，他们的想法一点儿也没错。在 2008 年北京奥运会自行车比赛中，他们取得了惊人的成绩，斩获了 10 枚金牌中的 7 枚。[9]

精准成交的实践 SELL MORE WITH SCIENCE

不要低估微小增量的巨大威力

国际象棋是我最喜欢的游戏之一。不过，国际象棋的起源至今仍是个谜。传说，当贫穷的发明者将国际象棋献给国王之后，国王非常喜欢这个游戏，答应给发明者他想要的任何赏赐。发明者很精明地提出了他想要的赏赐：在棋盘的第一格放 1 粒米，第二格放 2 粒米，第三格放 4 粒米，之后每一格放的米粒数目都是前一格米粒数目的 2 倍。国王以为该奖赏不足挂齿，便答应了。然而谋士们告诉国王，他无法兑现这个承诺。何故？因为到第 64 格时，米粒的数目将达到 1 800 亿亿粒，超过了地球上的所有米粒数。[10] 我分享这个故事，正是为了提醒大家关注故事中的道理：就像这位国王一样，我们往往会低估微小增量可能带来的巨大威力。

坚持这种持续性、渐进式的改进并不总是轻松或有趣的。但如果你想在销售业绩或职业生涯上获得更大的提升，这是必不可少的。刚开始学习将科学应用于销售时，我在办公桌旁边的墙上贴上了励志演说家吉姆·罗恩（Jim Rohn）的名言，这样我每天都能看到它："不承受自律之苦，就得承受后悔之痛。不同的是，前者轻于鸿毛，后者重于泰山。"每当我想要放弃，想要得过且过时，这些话就会为我敲响警钟。每天的磨炼很无趣，但它比其他任何方法都更加有效。

由于规律性的细微自律行为能够提升我们的意志力强度，随着时间的推移，这种持续改进所需的意志力会逐渐减少。[11] 正如行为科学家海蒂·格兰特·霍尔沃森解释的那样："我们能够习得并培养出自身的自制力；自制力会随着时间的推移变得更强或更弱……同锻炼肌肉一样，你完全可以通过定期锻炼的方式获得更强的自我控制力。"[12]

在一项研究中，研究人员邀请被试参与一项需要高度自律才能完成的为期两个月的锻炼计划。[13] 在计划开始之前，研究人员通过一系列任务对被试的自我控制力进行了评估。当被试完成锻炼计划之后，他们再次接受了自我控制力评估。

结果显示，他们的自我控制力均获得了显著提升。更有趣的是，被试称，他们在生活中其他方面的自我控制力也有了明显的提升。他们抽烟喝酒的频率变低，冲动消费的次数变少，饮食变得更加健康，甚至做了更多的家务。总而言之，通过定期锻炼增强的自我控制力给他们生活的很多方面都带来了极大的益处。与此类似，当你开始逼迫自己持续专注于渐进式改进时，你会发现随着时间的推移，此举所需的意志力会越来越少。[14] 所以说，万事开头难，但继续走下去你就会发现：这一切不仅会令你受益匪浅，而且也只是"开头难"而已。

在介绍策略 3 之前，我们先通过下面的练习来确保你已做好了迈向成功的准备。想一想，你希望在职业上做出何种改变？你可以定期采取哪些具体行动朝着这个方向迈进？也许是每周与同事或销售经理面谈 1 小时来提升自身销售能力；或者，每两周至少阅读一本有关销售或业务的书籍；又或者，每天花 20 分钟学习和练习新技能。无论你打算采取何种行动，请将它写下来。

你希望做出的改变：

____

循序渐进的小改进：

____

____

____

策略 3：投资自己

若想在职业上实现有意义的改变，往往需要我们对自己进行大量投资，或投资时间，或投资金钱，或两者兼而有之。**过于依赖企业提供的培训会导致对自身投资不足，这是许多销售人员业绩不佳的一个重要原因。**正如前文所述，你需要为自己的成功负责。如果雇主愿意为你支付你所需的培训费用，那固然很好；但如果他们不愿意，那你就要自己解决。销售精英们都知道，提升自己是最好的投资。正如本书第 2 章所述，要想获得成功，必先付出代价，但这一切都是值得的。从长远来看，这些短期的牺牲会带来丰厚的回报。哲学家兼诗人詹姆斯·艾伦（James Allen）有句名言："人们渴望改善他们的周遭环境，却不愿意提升自己；他们因此被困在原地，无法进步。"[15] 在生活中许多方面坚持节俭是值得钦佩的，但投资你的未来不在其中。

静下心来想一想，你希望在职业生涯中做出何种改变。你是希望大幅提升销售技能，实现收入翻番，还是希望成为公司的销售冠军或者销售经理？你可以在下面的练习中写下你希望做出的改变、实现改变预计需要的投资及你是否愿意投资。这不仅能帮你更好地判断该改变是否值得你为之努力，同时也能让你做好心理准备，对如何才能实现改变做到心中有数。

> 你希望做出的改变：
>
> ______________________________
>
> 实现改变预计需要的投资：
>
> ______________________________
>
> 你是否愿意进行这些投资？（是□ 否□）

如果你选了“否”或犹豫是否应选“是”，那就请稍停片刻，思考一下个中原因。或许，这并不是一个值得你为之付出的合适改变。越早认清这一点越好，因为去追求你并不愿意为之付出代价的目标从来都不是明智之举。

现在，你已经明白心中所愿，知晓全力冲刺的力量，也认识到只有依靠长时间、渐进式的调整才能实现真正持久的改进。最重要的是，我希望你还认识到了投资自己的价值所在。

我最后要分享给你的策略将成为你改变之路上的强大助手，你在任何时候都可以借助它，更轻松地实现改变。

策略 4：利用环境激发行动

科学研究一再证实，人类深受环境的影响。[16] 该观点可以追溯到 20 世纪上半叶。当时，被誉为“社会心理学之父”的库尔特·卢因（Kurt Lewin）提出了著名的行为公式，即行为（B）是个体（P）与其所处环境（E）的函数（f）。[17]

$$B = f\ (P,\ E)$$

卢因的观点在此后的数千次实验中得到了验证，本书中分享的许多实验也在此列。[18]

即使是微小的环境变化，也能改变我们的行为。[19] 一项有趣的研究发现，当餐厅菜单以更诱人的方式描述素菜（如“麻花柑橘酱胡萝卜”“滋滋香甜四季豆”“酸爽青柠甜菜根”等）时，食客更有可能选择这些素菜；并且，相较于只标注基本名称或者健康描述的素菜，食客对冠以诱人描述的素菜给出的味道评价更高。[20]

既然环境能够触发特定行为，那么我们完全可以利用这一点。你可以通过改变周围的环境，预见性地促使自己做出某些行为。接下来，我将介绍两种强大的方法。你可以利用这两种方法借助周围环境激发你的行为并实现理想结果。

方法 1：将特定环境与特定行为联系起来

正如本书第 3 章所述，制订计划会增大我们真正实施行动的可能性。

触发特定行为（例如助力职业提升的行为）的另一种有效方法是将这种行为与特定环境或提示联系起来。一种治疗失眠的行为疗法——刺激控制疗法（stimulus control therapy）就很好地说明了这一点。刺激控制疗法要求失眠患者只能将床用于睡觉，而不能在床上看书、看电视等。[21] 也就是说，只有当你准备好入睡时才可以上床；如果你无法入睡，就必须下床，直到产生睡意再上床。[22] 如此一来，你的大脑就会将床和睡觉联系起来，从而提升你上床之后快速入睡的概率。

同样地，我们完全可以运用这种方法来增长销售知识，提升销售技能。例如：

- 利用通勤时间专听与销售相关的有声读物或播客，扩展自己的销售知识。将通勤与学习联系起来，你利用通勤时间学习的可能性便会大大增大。
- 为提升销售技能指定特定空间。例如，在家中指定一把只有在练习销售技能时才坐上去的椅子。正如将床与睡眠联系起来有助于治疗失眠那样，一旦你坐上那把特定的椅子，就会收心学习。

方法 2：排除干扰，减少摩擦

要想实现重大改变，你需要尽量排除干扰因素，将注意力集中在能够达成此目标的行为上。关于这方面，有一个非常有趣的、来自一个著名的社会科学实验的例证。该实验设在一个极不寻常的场所：阿姆斯特丹史基浦机场的男厕。为了提升清洁度，行为经济学家阿德·基博姆（Aad Kieboom）说服机场当局在小便池底部刻上了一只黑色苍蝇。他的假设是，如果为男性提供一个目标物，那么他们小便时就会瞄准，小便池周围就会更加干净。结果，方法奏效了！他的助手们通过测算发现：尿液溅出量减少了 80%，[23] 清洁成本也因此降低了 8%。至于他们究竟是如何测算的，我就不详述了。

排除能分散注意力的因素，设置能提高专注力的提示，其作用远不止改善公共卫生，你同样可以运用这种方法减少行动阻碍，优化环境，更高效地达成目标。正如社会科学家克里斯滕·伯曼（Kristen Berman）和伊夫林·戈斯内尔（Evelyn Gosnell）解释的那样：“行为科学研究表明，即使是选项略多、步骤稍繁、耗时费力或需做决策，都能阻碍人们采取行动。此类或感知或真实存在的‘阻碍’通常会降低特定行为的发生概率。”[24]

成功很难，而干扰因素会让成功难上加难。因此，请务必找出那些令你在重要事情上分心的干扰因素。一些销售人员会减少观看电影或电视节目的时间，或减少在社交媒体上花费的时间，腾出时间追求目标；一些人通过戒酒或确保每晚睡足 8 小时来排除分散注意力的干扰因素，从而保持最佳状态；还有一些人则会戒掉种种耗时耗钱的不良习惯，或者尽量不让自己受身边的悲观主义者影响。你不妨问问自己：哪些干扰因素阻碍了你的成功？究竟是分心处理这些事情更重要，还是集中精力追求目标更重要？根据你的回答，采取相应行动。

本书始终贯穿着一个重要理念：科学能提供切实可行的深刻见解，帮助你将销售业绩乃至职业生涯提升到新的高度。同时，以科学实证为基础的销售方法还能为你提供更准确的思维方式，帮助你在当今激烈的市场竞争中占据优势。更重要的是，科学洞见能帮你明确自身或团队成员业绩不佳的原因，识别出提升自身或其他成员效率的心态、特质和行为。

销售是一种有意义的服务他人的方式，这正是我热衷于这份工作的原因。我们可以通过销售帮助他人解决最具挑战性的问题，助其实现个人和职业目标、改善生活。销售不仅能创造收入、提供就业机会，还能刺激经济增长。事实上，无论是对于我们的职业生涯而言，还是对于我们所处的社区和世界而言，销售都发挥着至关重要的作用。因此，我坚信，销售及我们采取的销售方式极为重要，只能以科学为基础。

我希望本书能帮助你实现销售业绩及职业生涯的飞跃。路线图已然明朗，剩下的就靠你自己了。还等什么？快去销售吧！

让销售业绩翻倍的科学　SELL MORE WITH SCIENCE

- “现状偏差”是我们在做出改变时所需面对的最大障碍之一。
- 过于依赖企业所提供的培训反而会导致自身的学习动力不足。
- 尽管全力冲刺能够带来突破性进展，但唯有通过持续的小幅进步，才能实现重大而持久的改变。

致 谢

对我来说，这本书不仅仅是一本关于销售的书。它揭示了我们每个人如何利用基于科学实证的见解，提升我们的职业生涯，改善我们的生活。因此，我对书中援引过的众多科学家深怀感激——正是他们的研究奠定了本书的根基。他们的研究成果不仅推动了销售行业的专业化进程，也为人类社会带来了福祉。

本书开篇，我引用了我的销售偶像之一罗伯特・N. 麦克默里的名言。职业生涯早期，我偶然接触到了麦克默里的前瞻性观点：对人类心理学的科学理解是提升销售效能的关键所在。他的研究激励我将科学方法应用于销售实践，即使遭遇挑战，耗时远超预期，我也从未放弃。我只希望我的工作能像他激励我一样，激励更多人。

在写作过程中，我有幸得到了斯蒂芬妮・鲍恩（Stephanie Bowen）的协助。她对这本书的热忱投入令人振奋，她卓越的见解使书中的每一页内容都得到了提升。她在帮助我优化书籍结构和提炼观点方面也表现出色。此时此刻，我很难想象没有她的帮助我能完成这本书。

特别感谢企鹅兰登书屋旗下的塔彻・佩里吉图书公司（Tarcherperigee Book）的执行主编尼娜・希尔德（Nina Shield）。她的专业建议和编辑润色使这本书的品质更上一层楼。事实上，与塔彻·佩里吉团队的合作十分愉快，团队的每一位成员都非常出色，他们都在不同程度上为这本书的完善做出了贡献。

我对我的文学经纪人莉拉·坎波利（Leila Campoli）也深怀感激。她在本书创作初期就帮助我理清方向，并始终作为我值得信赖的向导护航整个出版过程。同时，感谢安迪·克拉恩（Andy Krahn）为本书精心绘制插图，其精益求精的创作为本书锦上添花。

书籍的研究和撰写是一项旷日持久的工程——至少于我是这样的。因此，我非常感谢我的妻子萨拉（Sarah）的支持。她不仅阅读了我的初稿，更为我创造了大量专注写作的时间。更令我感念至深的是，早在我还未出版第一本书前，她就倾听了我以科学改变销售的愿景，并支持我投入大量的时间和金钱去实现这个梦想。

我有幸成为三个出色的孩子——乔琳（Jolene）、戴维（David）和约瑟夫（Joseph）的父亲，他们以包容之心陪伴我完成又一部著作。我希望这本书能在他们追寻使命的旅程中助他们一臂之力。

感谢诺埃尔·霍菲尔德（Noel Hoffeld）对每一章的编辑。她的深刻见解促使我在写作全过程不断理清思路。特别感谢诺曼·霍菲尔德（Norman Hoffeld），他早在我少年时期就以身作则，向我展示了如何在恪守道德的前提下有效地影响他人。

有人说，最好的书是自己想读的书。这本书正是如此。对于那些像我一样渴望科学验证且行之有效的销售策略的销售专业人士来说，这本书就是为你而写的。现在你已经拥有了它，那就好好使用它吧，你将体验到如何用科学的方法创销售新高。

参考文献

考虑到环保的因素，也为了节省纸张、降低图书定价，本书编辑制作了电子版的参考文献。请扫描下方二维码，直达图书详情页，点击“阅读资料包”获取。

扫码查看本书的参考文献

未来，属于终身学习者

我们正在亲历前所未有的变革——互联网改变了信息传递的方式，指数级技术快速发展并颠覆商业世界，人工智能正在侵占越来越多的人类领地。

面对这些变化，我们需要问自己：未来需要什么样的人才？

答案是，成为终身学习者。终身学习意味着永不停歇地追求全面的知识结构、强大的逻辑思考能力和敏锐的感知力。这是一种能够在不断变化中随时重建、更新认知体系的能力。阅读，无疑是帮助我们提高这种能力的最佳途径。

在充满不确定性的时代，答案并不总是简单地出现在书本之中。“读万卷书”不仅要亲自阅读、广泛阅读，也需要我们深入探索好书的内部世界，让知识不再局限于书本之中。

湛庐阅读 App：与最聪明的人共同进化

我们现在推出全新的湛庐阅读 App，它将成为您在书本之外，践行终身学习的场所。

- 不用考虑“读什么”。这里汇集了湛庐所有纸质书、电子书、有声书和各种阅读服务。
- 可以学习“怎么读”。我们提供包括课程、精读班和讲书在内的全方位阅读解决方案。
- 谁来领读？您能最先了解到作者、译者、专家等大咖的前沿洞见，他们是高质量思想的源泉。
- 与谁共读？您将加入优秀的读者和终身学习者的行列，他们对阅读和学习具有持久的热情和源源不断的动力。

在湛庐阅读App首页，编辑为您精选了经典书目和优质音视频内容，每天早、中、晚更新，满足您不间断的阅读需求。

【特别专题】【主题书单】【人物特写】等原创专栏，提供专业、深度的解读和选书参考，回应社会议题，是您了解湛庐近千位重要作者思想的独家渠道。

在每本图书的详情页，您将通过深度导读栏目【专家视点】【深度访谈】和【书评】读懂、读透一本好书。

通过这个不设限的学习平台，您在任何时间、任何地点都能获得有价值的思想，并通过阅读实现终身学习。我们邀您共建一个与最聪明的人共同进化的社区，使其成为先进思想交汇的聚集地，这正是我们的使命和价值所在。

Sell More with Science: The Mindsets, Traits, and Behaviors That Create Sales Success by David Hoffeld

This edition published by arrangement with Tarcher, an imprint of Penguin Publishing Group, a division of Penguin Random House LLC.

浙江省版权局图字：11-2025-186

图书在版编目（CIP）数据

精准成交 /（美）戴维·霍菲尔德著；徐烨华译. 杭州：浙江科学技术出版社，2025. 9. — ISBN 978-7-5739-1889-5

Ⅰ. F713.55

中国国家版本馆 CIP 数据核字第 2025HJ0023 号

书　名	精准成交
著　者	[美] 戴维·霍菲尔德
译　者	徐烨华

出版发行	浙江科学技术出版社 地址：杭州市环城北路 177 号　邮政编码：310006 办公室电话：0571－85176593 销售部电话：0571－85062597 E-mail:zkpress@zkpress.com
印　刷	定州启航印刷有限公司

开　本	710mm×965mm　1/16	**印　张**	16.5
字　数	228 千字		
版　次	2025 年 9 月第 1 版	**印　次**	2025 年 9 月第 1 次印刷
书　号	ISBN 978-7-5739-1889-5	**定　价**	99.90 元

责任编辑	余春亚	**责任美编**	曹莞君
责任校对	张　宁	**责任印务**	吕　琰